kosmos

Sigrid Heuer

Großmutters Zimmerpflanzen

Sigrid Heuer

Großmutters Zimmerpflanzen

Kosmos

Impressum

Mit 125 Farbfotos, 63 Farbillustrationen und vier Schwarzweißillustrationen.
Farbfotos von BASF AG Landwirtschaftliche Versuchsstation, Limburgerhof (S. 74), Ursel Borstell, Essen (S. 2/3, 5 o. re., 6 li., 12/13, 16, 20, 26/27, 36, 41, 58/59, 72/73, 83, 90 o. re., 104, 113, 116/117, 118, 122, 124, 127, 132, 135, 136/137, 143, 147, 150, 151, 156, 159, 160, 162/163, 164, 165, 169, 170), Rolf Bühl, Stuttgart (S. 64, 79 u. li., 80 o. re., 85 u. li., 88 o. re., 90 u. li., 91 beide, 97, 106), Forschungsanstalt Geisenheim (Dr. Heinz-Dieter Molitor) (S. 80 u. li., 88 o. li., 92, 93), Ellen Henseler, Bonn (S. 76 beide, 78 o. li., 82, 87, 98, 99, 102, 103), Leni Hydrokultur, Bergneustadt (S. 24/25), Ewald Kleiner, Radolfzell (S. 121), Metalldünger Jost GmbH, Iserlohn (S. 40), Dr. H.-G. Prillwitz, Mainz (S. 89), Reinhard-Tierfoto, Heiligkreuzsteinach (S. 6 re., 9, 11, 28, 86 o., 115, 138 u. li., 139, 145 o. li., 148, 152, 158, 171, 173, 176), Reto Rohner, CH-Ermenswil (S. 78 u. re., 81 o. re., 105, 108), Ralf Roppelt, Sahara-Werbeagentur, Stuttgart (S. 1, 5 u. li., 10, 23, 25 o. re., 32, 37, 46/47, 50, 57, 63, 65, 68, 94/95, 109, 119, 120, 125, 129, 130 beide, 134, 136, 138 o. re., 140, 141, 142, 145 u. re., 149, 154, 155, 157, 161, 162, 166, 168, 172, 174 beide), Udo Sellenschlo, Hamburg (S. 100 u. re.), Fotostudio Stork, Ohlsbach (S. 18/19), Xeniel Dia, Stuttgart (S. 85 u. re., 86 u.), Dr. Ulrich Zunke, Hamburg (S. 77, 79 o. re., 81 u. li., 100 o. re.).

ISBN 3-440-07402-1
Lektorat: Sabine Schulz
Herstellung: Heiderose Stetter
Printed in Italy / Imprimé en Italie
Satz: Steffen Hahn GmbH, Kornwestheim
Druck und buchbinderische Verarbeitung: Printer Trento S.r.l., Trento

Illustrationen von: Karin Aichele, Ostfildern (S. 21, 38), Marianne Golte-Bechtle, Stuttgart (S. 45, 71, 93), Horst Lünser, Berlin (S. 22) und Reinhild Hofmann, München (alle anderen), die auch alle Zeichnungen außer auf den S. 22, 45, 71, 93 koloriert hat.

Umschlaggestaltung von Atelier Reichert, Stuttgart unter Verwendung von 4 Farbfotos von Max Felix Wetterwald, Offenburg (großes Foto Hintergrund), Foto Dülberg, Soest (großes Foto) und Ursel Borstell, Essen (2 kleine Fotos).

Die Deutsche Bibliothek – CIP-Einheitsaufnahme

Großmutters Zimmerpflanzen / Sigrid Heuer. [Farbfotos von: Ursel Borstell (u. a.). Zeichn. von: Karin Aichele . . .]. – Stuttgart : Kosmos, 1997
ISBN 3-440-07402-1

Sigrid Heuer: Frau Heuer ist Diplom-Agraringenieurin mit Schwerpunkt Pflanzenkrankheiten und Nützlingsberatung. Sie arbeitete lange Zeit beim amtlichen Pflanzenschutzdienst und bei der Firma Neudorff. Heute ist sie Mutter von drei Kindern und beschäftigt sich intensiv mit Zimmerpflanzen.

Dieses Buch ist aus den Bänden „Zimmerpflanzen“ und „Zimmergärtnern naturgemäß“ zusammengestellt, beide von Sigrid Heuer, die ebenfalls im Franckh-Kosmos-Verlag erschienen sind.

Großmutters Zimmerpflanzen

Inhalt

Bild S. 1: Pfeilwurz
Bild S. 2/3: Weihnachtsstern und Efeu (links)
Bild S. 12/13: Hibiskusblüten
Bild S. 18/19: Kastanienwein und Schwertfarn
Bild S. 46/47: Für erfolgreiche Anzucht und Vermehrung
Bild S. 58/59: Alpenveilchen
Bils S. 72/73: Azaleen
Bild S. 94/95: Strahlenaralie (links vorn), Drachenbaum (links hinten), Strahlenaralie (rechts hinten) und Hibiskus (rechts vorn)
Bild S. 116/117: Bougainvillee

Großmutters Gärtnerwissen

So lange ich mich erinnern kann, war das Haus meiner Großeltern stets ein Meer von Zimmerpflanzen. Meine Großmutter konnte voller Stolz auf eine recht artenreiche Topfpflanzensammlung blicken, deren Exemplare sie größtenteils durch verschiedene Methoden selbst vermehrt hatte. Es verging kein Tag, an dem sie nicht mit der Pflege ihrer Zöglinge beschäftigt war, und gern erzählte sie ihren Kindern und Enkelkindern mit Begeisterung vom Umgang und den Erfahrungen mit ihren Pflanzen.

Ich erinnere mich noch genau, wie ich als Kind – angesteckt vom Eifer meiner Großmutter – meine erste bescheidene Kakteensammlung am Kinderzimmerfenster umsorgte und meine Großmutter mir riet, meine stacheligen Freunde besser ins kalte Treppenhaus zu stellen, um ihnen dort mit Hilfe der kühleren Temperaturen ein paar Blüten zu entlocken und ich hatte tatsächlich Erfolg!

Jahre später begann ich Großmutters Tips über die Bedürfnisse und die Pflege von Zimmerpflanzen zu sammeln, um so ihren wertvollen Erfahrungsschatz allmählich zusammenzutragen.

Dieses aus jahrzehntelanger Erfahrung gewonnene Wissen möchte ich in diesem Buch an Sie weitergeben. Dabei werden diese Kenntnisse durch meine eigenen jahrelangen Erfahrungen in der Pflanzenschutzberatung ergänzt und aktualisiert.

Überlegungen vorweg

Zimmerpflanzen gehören zu unseren Wohnungen wie Möbel oder schöne Bilder. Mit ihren vielfältigen Formen und Farben lassen sich gut persönliche Akzente setzen und eine heimelige Atmosphäre im Raum verbreiten. Gerade heute, wo die Umgebung um uns herum doch oft sehr technisiert ist, bekommt so ein Stück Natur im Zimmer einen ganz anderen Stellenwert. Die Verwendung zu Dekorationszwecken ist aber nur ein Aspekt der Haltung von Topfpflanzen, denn sie sind durchaus noch anderweitig einsetzbar. Unser Seelenleben beispielsweise profitiert ungemein von dem Zusammenleben mit der Pflanze. Mediziner wiesen nämlich nach, daß ihr Anblick seelische und körperliche Reaktionen auslöst, die uns beruhigen und positiv stimmen.

Zusätzlich zur Freude an der Zimmergärtnerei sollte auch nicht vergessen werden, daß die Pflanzen drinnen wie draußen tagsüber wertvollen Sauerstoff produzieren und Wasser über ihre Blätter verdunsten. So nutze ich gern dieses Wissen, um das Raumklima in meinen Zimmern auf natürliche Art und Weise zu regulieren.

Unsere schnellebige Zeit verführt jedoch auch leicht dazu, Zimmerpflanzen als Einrichtungsgegenstände zu sehen und völlig zu vergessen, daß sie

Fleißiges Lieschen 'Sunregal'

genauso Lebewesen sind wie Menschen und Tiere. Man kauft sie oft im Vorbeigehen oder auf dem Nachhauseweg, ohne darauf zu achten, daß sie bereits kränkeln oder gar von Schaderregern befallen sind. Kommt dann noch ein wenig geeigneter Platz und falsche Pflege dazu, ist das Wegwerfen schon vorprogrammiert. Die ersten Fehler lassen sich also schon bereits beim Erwerb vermeiden. Lassen Sie sich Zeit und wählen Sie die neuen Pflanzen sorgfältig aus.
Haben Sie dann einen kräftigen, neuen Mitbewohner erworben, möchte er auch richtig behandelt werden. Dazu ist nicht unbedingt der berühmte „grüne Daumen“ notwendig, sondern vielmehr ein Minimum an näheren Kenntnissen über die Bedürfnisse der einzelnen Pflanzenarten. Aber auch trotz optimaler Pflege können Schädlinge und Krankheiten auftreten. Dies ist ganz normal, denn Pflanzen sind unter Zimmerbedingungen viel anfälliger als an ihrem natürlichen Standort in der freien Natur. Besonders weniger widerstandsfähige Pflanzen sind oft davon betroffen.
Zur Bekämpfung von Pflanzenkrankheiten und Schädlingen wird mittlerweile eine Vielzahl von Präparaten aller Art – Granulate, Stäbchen, Sprays etc. – angeboten und gekauft. Doch diese Pflanzenschutzmittel haben es oft in sich. Viele Produkte enthalten hochgiftige Substanzen, die z. B. Bienen gefährden oder deren Einatmung bzw. Berührung Gesundheitsschäden verursachen.

Brunfelsie

Auf derartige Mittel verzichte ich gerne, denn es gibt eine Vielzahl von Möglichkeiten, auf biologische bzw. naturgemäße Weise Zimmerpflanzen wirkungsvoll zu schützen. Die Palette reicht vom Freilassen natürlicher Feinde der Schädlinge, den sogenannten „Nützlingen“, über biotechnische Fallen (z. B. Gelbsticker siehe Seite 110) zum Fangen von Schadinsekten bis hin zu Präparaten rein pflanzlichen Ursprungs. Diese Methoden haben viele Vorteile: Ihre Anwendung ist nicht mit gesundheitlichen Risiken verbunden. Auch für Kinder sind sie unbedenklich; gerade sie entdecken gern die kleinen Wunder des Lebens und wollen das Wachsen beobachten. Naturgemäß gepflegte Pflanzen können von Kindern angefaßt und umsorgt werden. So bekommen Kinder schon früh eine intensive Beziehung zur Natur. Naturgemäße Pflanzenschutzmittel sind auch für Haustiere ungefährlich. Darüber hinaus schonen wir mit diesen Methoden unsere Umwelt, da weder Pflanzen noch Topferden und Raumluft mit toxischen Substanzen angereichert werden und auch der Hausmüll nicht mit Pflanzenschutzmittel-Verpackungen belastet wird, die giftige Rückstände enthalten.

Zimmergärtnern naturgemäß bedeutet erfolgreiche Topfpflanzenpflege auf natürliche Weise und ist ein aktiver Beitrag zum Umweltschutz, der viel Freude bereitet.

Die reich blühende Topfglockenblume

Pflanzen einkaufen – aber richtig

Die Wahl der geeigneten Pflanze

Wichtigstes Auswahlkriterium beim Kauf sollten die Wachstumsansprüche der einzelnen Pflanzenarten sein. Sinnvoll ist nur der Kauf solcher Pflanzen, denen auch wirklich ein artgerechter Standort geboten werden kann. Im Fachhandel kann man sich hinsichtlich der erforderlichen Wachstumsbedingungen ausführlichst beraten lassen. Häufig sind auch die wichtigsten Pflegehinweise auf den mitgelieferten Blumenetiketten zu finden. Diese Kulturanweisungen sollten insbesondere in Töpfen stecken, die man verschenken möchte. Sind keine Etiketten vorhanden, kann man sich beraten lassen und ein paar selbstgeschriebene, schön verzierte Pflegetips dazulegen. So erhält das Mitbringsel zusätzlich gleich noch eine ganz persönliche Note.

Wenn ich Pflanzen verschenke, lege ich immer ein selbstgeschriebenes Etikett dazu.

Im Laden erkennen, ob eine Pflanze gesund ist

Bevor ich eine Pflanze kaufe, schaue ich mir sie im Laden ganz genau an. So vermeide ich, daß die Freude an dem neu erworbenen Stück nur kurz ist oder ich mir gar Schädlinge oder Krankheiten auf meine Fensterbank hole.

Wuchs: Grundsätzlich sollten nur kräftige, wüchsige Pflanzen erworben werden. Derartige Exemplare erkennt man an zahlreichen Blatt- und/oder Blütenansätzen oder neuen Trieben. Lange Pflanzen mit großen Abständen zwischen den Blättern lassen auf ungünstige Wachstumsverhältnisse bei der Anzucht schließen.

Ich schaue mir die Pflanzen vor dem Kauf ganz genau an.

Blüten: Beim Erwerb von blühenden Topfblumen ist darauf zu achten, daß die Blüten noch nicht zu weit aufgeblüht oder zu viele Blüten schon geöffnet sind. Andererseits dürfen die Knospen nicht mehr zu weit im Ansatz stecken, da sonst die Gefahr besteht, daß sie sich durch den Standortwechsel nicht mehr entfalten. Bei Azaleen beispielsweise sollten nur einige Blüten geöffnet und die meisten anderen noch knospig geschlossen sein.

Blätter: Die Blätter müssen sorgfältig auf Verfärbungen, Verformungen, Flecken, Ablagerungen und besonders auf vertrocknete oder verbräunte Blattränder und -spitzen geprüft werden. Derartige Veränderungen sind sichere Anzeichen für Krankheit oder auch falsche Pflege.

Besonders im unteren Bereich der Pflanze ist darauf zu achten, daß keine Blätter fehlen. Oft werden vertrocknete Blattspitzen abgeschnitten. Die Schnittstellen verbräunen zu Hause schnell wieder. Auch das Zurechtschneiden kranker Blätter – mit einem aufmerksamen Blick deutlich zu erkennen – kommt gelegentlich vor.

Die Blätter der Zimmerpflanze sollten straff und optimal mit Wasser versorgt sein. Schlaffes, welkes Laub ist nicht immer ein Anzeichen für Wassermangel, sondern möglicherweise ein Hinweis auf Wurzelfäule. Sind die Blätter welk, die Erde jedoch gleichzeitig feucht und naß, dann handelt es sich mit Sicherheit um Wurzelschäden, von denen sich eine Pflanze nur selten erholt.

Schädlinge: Oberste, zarte Blätter, junge, weiche Triebe sowie Blüten und Blütenstiele werden besonders gern von Schädlingen befallen. Diese Pflanzenteile, insbesondere die Blattunterseiten, sollten sorgfältig, aber dennoch sehr vorsichtig auf Schädlingsbefall geprüft werden. Auch verkrüppelte oder verformte Triebe und Blätter sowie klebriger Belag sind Anzeichen für das Vorhandensein tierischer Schädlinge. In jedem Fall aber ist das unnötige Bewegen und Anfassen der Pflanzen zu vermeiden.

Topf und Erde: Blumenerden und -töpfe sollten frei von Pilz- oder Algenbelag sowie Salzausblühungen sein. Derartige Beläge sind Anzeichen für falsche Pflege.

Das Substrat sollte frisch und nicht unangenehm riechen. Schlechter Geruch läßt auf Staunässe oder verbrauchte Erde schließen.

Blumenschalen und Pflanzenriesen: Häufig werden in Blumengeschäften Pflanzschalen mit Kompositionen verschiedener Pflanzenarten angeboten. Diese Pflanzen haben oft sehr unterschiedliche Pflegeansprüche. Beim Kauf sollte man nur Arrangements mit Pflanzenarten gleicher Wachstumsbedingungen wählen oder beim Verschenken dekorativer Schalen auf das notwendige Auseinanderpflanzen verweisen.

Gelegentlich werden recht große und vermeintlich wüchsige Pflanzen zu sehr günstigen Preisen angeboten. Bei derartigen Angeboten handelt es sich manchmal um rasch hochgezüchtete

Inmitten meiner blühenden Mitbewohner fühle ich mich am wohlsten.

Gewächse, die schwach und deshalb nur wenig widerstandsfähig sind. Oft werden sie in einem viel zu kleinen Topf mit völlig verbrauchten Nährstoffvorräten angeboten. Im allgemeinen kann man davon ausgehen, daß jüngere und kleinere Gewächse viel wüchsiger und auch kräftiger sind.

Wer dennoch einen sehr preiswerten Pflanzenriesen kaufen möchte, sollte das Exemplar umgehend in einen Topf einer angemessenen Größe umpflanzen.

Nicht nur das Aussehen der Pflanze, sondern auch die Art und Weise, in der die Topfblumen im Geschäft angeboten werden, hilft mir bei der Beurteilung der Qualität. Gut etikettierte, saubere Pflanzen mit sauberen Töpfen deuten auf eine optimale Pflege hin. Wichtig sind auch die Standortbedingungen in den Verkaufsräumen. Auf engstem Raum, beispielsweise zwischen Lebensmittelregalen dicht zusammengedrängt, dürften Topfpflanzen nur wenige Tage unbeschadet überdauern. Bei Pflanzen, die vor Blumenläden auf dem Gehweg angeboten werden, sollte es sich nur um widerstandsfähige Arten handeln, die Zugluft, Abgase, Temperaturschwankungen und häufigen Standortwechsel vertragen können. Mitunter werden auch Pflanzen in Klarsichttüten oder mit großen Papiermanschetten angeboten. Derartig verpackte Pflanzen verbergen oft Schäden oder sparrigen Wuchs. Ein guter Fachhändler wird gern bereit sein, ein Exemplar zur Betrachtung auszupacken.

Gut verpacken und richtig nach Hause transportieren

Topfpflanzen kaufe ich nach Möglichkeit nie bei kalter Witterung. Ist dies nicht zu vermeiden, müssen die Gewächse vor Zugluft und Kälte geschützt und gut verpackt werden. Bei heißem Sommerwetter schützt eine Papierverpackung vor Verdunstung und praller Sonne. Lange Lagerung im heißen Auto ist ebenso zu vermeiden wie unnötig lange Aufbewahrung in der Verpackung.

Bei kühler Witterung müssen auch Pflanzen warm verpackt werden.

Behandlung der Pflanzen nach dem Kauf zu Hause

Zimmerpflanzen müssen sich nach dem Kauf erst einmal von der anstrengenden Zeit zwischen Gärtnerei, Großmarkt, Blumengeschäft und endgültigem Platz auf der Fensterbank erholen.

Gleich nach dem Auspacken entferne ich abgeknickte, abgestorbene oder welke Blätter oder Blüten (mit Stielen!) und untersuche die Topferde auf Feuchtigkeit. Bei Bedarf wird gegossen, bei Pflanzen mit besonders hohem Wasserbedarf der Wurzelballen gegebenenfalls getaucht und die Gewährleistung des Wasserablaufs durch das Abzugsloch geprüft. Schließlich ist die Pflanze an einen geeigneten Standort zu stellen und bei extremen Lichtverhältnissen (z. B. Freilandaufenthalt) oder Temperaturen (zum Beispiel kühles Treppenhaus) langsam an die neue Umgebung zu gewöhnen.

Pflegen – artgerecht und naturgemäß

Unsere Zimmerpflanzen stammen aus den unterschiedlichsten geographischen Regionen der Erde. Da sich die Pflanzen an die jeweiligen Bedingungen ihres natürlichen Standortes angepaßt haben, sagt ihre Herkunft viel über ihre Ansprüche aus. So gibt es Wüstenpflanzen – Kakteen und Sukkulenten (Dickblattgewächse) –, die in ihren Trieben oder Blättern Wasser speichern können. Sie vertragen trockene Luft und hohe Lichtintensität. Häufige Vertreter in unseren Wohnungen sind z. B. Christusdorn, Sansevierie und Pfennigbaum. Diese Arten lieben viel Licht, wenig Wasser und verhältnismäßig trockene Luft. Die Topferde sollte nie naß bleiben, um ein Faulen der Wurzeln zu vermeiden. Fast alle Bewohner dieser extrem trockenen Standorte haben im Winter eine Ruhezeit mit kühlen Temperaturen und eingeschränktem Wasserbedarf. Im Gegensatz zu diesen Arten benötigen Pflanzen der tropischen Regenwälder gleichmäßige Bodenfeuchte, hohe Luftfeuchte und wenig Licht. Statt einer Ruheperiode verlangen sie das ganze Jahr hindurch wärmere Temperaturen und bevorzugen kalkarmes Gießwasser. Bekannte Vertreter dieser Standorte sind Ananasgewächse (Bromelien), Farne und Usambaraveilchen.

Diese zwei extremen Beispiele – aus einer Vielzahl von Pflanzengruppen herausgegriffen – machen deutlich, daß es oft schwierig ist, unseren Pfleglingen im Zimmer Verhältnisse zu bieten, die den heimatlichen Wachstumsbedingungen entsprechen. Schließlich richtet sich das Klima in unseren Wohnungen zunächst nach den Bedürfnissen der Menschen.

Pflanzen, die viel Wärme, trockene Raumluft, wenig Licht und unregelmäßiges Gießen vertragen, sind am besten als Zimmerpflanzen geeignet (z. B. Grünlilie, Leuchterblume). Doch mit etwas Mühe läßt sich eine Vielzahl unterschiedlichster Pflanzenarten im Zimmer halten. Wichtigste Voraussetzung ist die Kenntnis der jeweiligen Ansprüche.

Dazu zählt nicht nur der geeignete Standort mit optimalen Licht- und Temperaturverhältnissen, sondern auch eine auf die arteigenen Ansprüche abgestimmte Ernährung, Wasserversorgung und Luftfeuchte.

Usambaraveilchen stammen aus den Wäldern des afrikanischen Usambara-Gebirges.

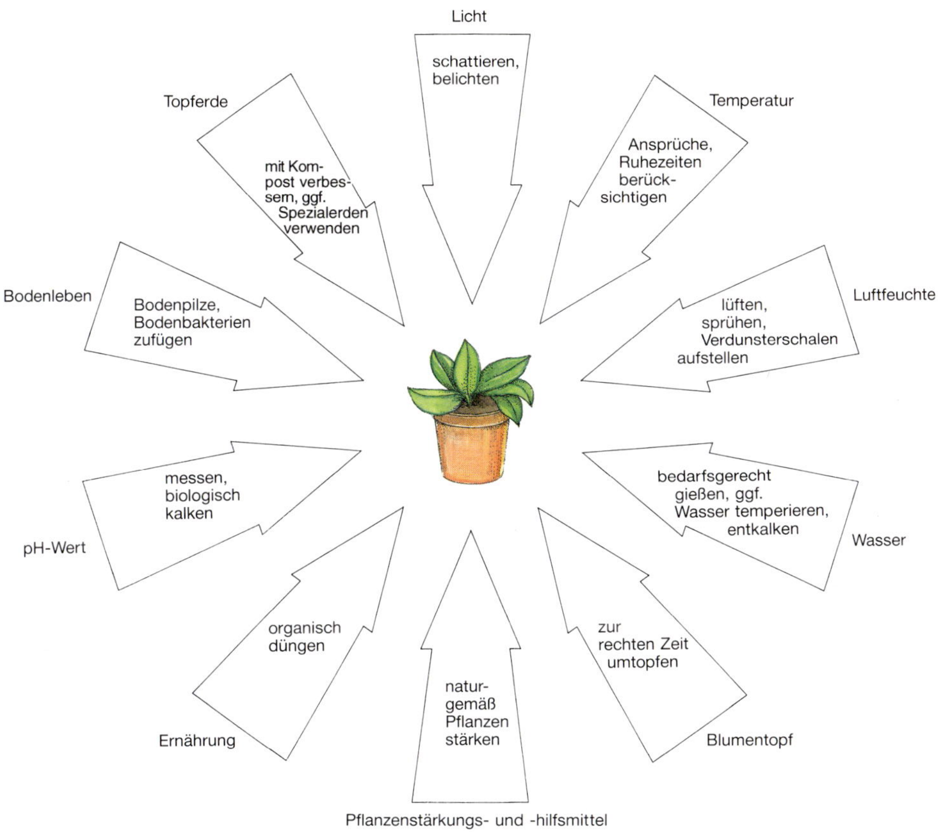

Zimmerpflanzenbedürfnisse und geeignete Maßnahmen zur Gesunderhaltung der Pflanzen

Der Zimmergärtner hat nun eine Reihe von Möglichkeiten, den Pflanzen artgerechte Wachstumsbedingungen zu schaffen. Diese reichen von Zusatzbelichtung durch spezielle Lampen bis hin zu Luftbefeuchtern. Je artgerechter eine Pflanze gepflegt wird, desto mehr wird ihre Widerstandsfähigkeit gegen Krankheits- und Schädlingsbefall erhöht und damit die Gefahr eines Schaderregerbefalls vermindert.

Vorbeugende Zimmerpflanzenpflege bedeutet aber auch naturgemäße Pflege. Darunter sind Maßnahmen zu verstehen wie z. B. die Belebung der Topferde mit Bodenorganismen, die Ernährung mit organischen Düngern und die Anwendung von natürlichen Pflanzenstärkungsmitteln.

Spezielle Pflanzenlampen helfen dort, wo das Tageslicht nicht ausreicht (lx = Lux).

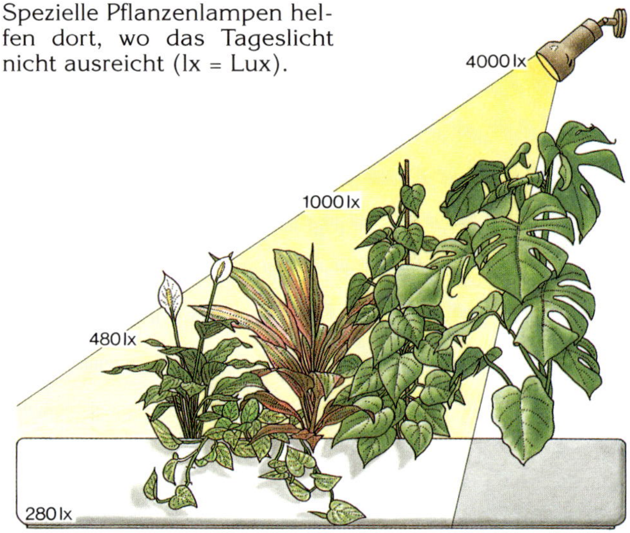

Alle Maßnahmen haben ein Ziel: Die Gesunderhaltung der Pflanzen.

Licht

Genug Licht ist Voraussetzung für gesundes Wachstum der Zimmerpflanzen. Die Lichtverhältnisse in unseren Wohnungen weichen stark von den Gegebenheiten im Freien ab. Auf einer Fensterbank erhalten Pflanzen etwa 30 % der im Freien verfügbaren Lichtmenge. Mit jedem Meter Entfernung vom Fenster sinken die Helligkeitswerte um 50 %. Ab 2 m Entfernung ist die Lichtintensität meist so gering, daß eine zusätzliche Belichtung gebraucht wird. Dafür gibt es im Fachhandel spezielle Pflanzenleuchten, die im Farbspektrum dem Tageslicht ähneln. Pflanzen mit geringen Lichtansprüchen gedeihen noch in 1–2 m Entfernung, andere mit hohem Lichtbedarf sollten unmittelbar am Fenster stehen. Südfenster sind für Pflanzen mit hohen Lichtansprüchen am besten geeignet, da hier der Lichteinfall am größten ist. In den Sommermonaten können jedoch selbst sonnenhungrige Gewächse durch die Hitze direkt hinter der Fensterscheibe Schaden erleiden. Deshalb sind Südfenster im Sommer am besten mittags zu schattieren.

Direkte Sonneneinstrahlung verursacht bei Schattenpflanzen tropischer Wälder (Gloxinien, Usambaraveilchen etc.) „Sonnenbrand“ auf den Blättern. Im Winter nimmt die Lichtintensität jedoch so stark ab, daß selbst solche empfindlichen Pflanzen am Südfenster stehen können.

Die Lichtmenge in unseren Räumen hängt nicht nur von der Jahreszeit, Himmelsrichtung, Größe und Anzahl der Fenster ab, sondern auch davon, ob das Licht ungehindert einfallen kann oder ob es durch Bäume oder Gebäude behindert wird.
Die Lichtstärke wird in Lux gemessen. Ca. 500–600 Lux sind der Minimalbedarf für Pflanzen mit geringen Lichtansprüchen, solche mit hohem Lichtbedürfnis benötigen mindestens 1500–2000 Lux. Zur Messung der Lichtstärke gibt es Luxmeter im Fachhandel.
Gewächse, die unter Lichtmangel leiden, werden lang und schwach, sie „vergeilen", die Blätter sind nur noch blaßgrün und die Pflanzen werden anfälliger für Krankheiten und Schädlinge.
Pflanzen, die den Sommer über im Freien verbringen sollen, müssen langsam an die Lichtverhältnisse draußen gewöhnt werden. Eine gewisse Abhärtung ist möglich, indem sie zunächst einen schattigen, windgeschützten Platz erhalten oder ihren Freilandaufenthalt bei lauem Regenwetter beginnen.

Pflanzen mit hohem Lichtbedarf stelle ich direkt ans Fenster.

Blumenetiketten, Stäbchen, Striche oder kleine Klebestreifen am Blumentopf und auf der Fensterbank sind geeignete Markierungshilfen, um dem Drehen von empfindlichen Pflanzen vorzubeugen.

Erwähnen möchte ich die große Empfindlichkeit vieler Zimmerpflanzen gegen Drehen und Bewegen. Jeder erfahrene Zimmergärtner weiß, daß *Ficus*-Arten (z. B. Gummibaum, Birkenfeige) auf Standortwechsel mit

Blattfall reagieren. Aber nicht nur einige Blattpflanzen, sondern vor allem viele Blütenpflanzen (Azaleen, Gardenien, Oster- und Weihnachtskaktus, Kamelie, Wachsblume, Klivie) reagieren empfindlich auf eine Änderung des Lichteinfalls. Eine Markierung am Topf ist hier ratsam, um Blüten- und Knospenabstoßen aufgrund von Standortwechsel zu vermeiden.

TIP
Ich zeichne mir eine kleine Markierung (Lichtmarke) an den Topf, um unnötige Standortveränderungen zu vermeiden.

Die Zimmerpflanzen werden nach ihren Lichtbedürfnissen in drei Gruppen eingeteilt:

- Pflanzen mit hohem Lichtbedarf für helle, sonnige Standorte (Südfenster),
- Pflanzen mit mittlerem Lichtbedarf für helle Standorte ohne direkte Sonneneinstrahlung (Ost-, Westfenster) und
- Pflanzen mit geringem Lichtbedarf für lichtarme oder schattige Standorte (Nordfenster).

Zwischen den einzelnen Gruppen gibt es fließende Übergänge. Viele Pflanzen können sowohl hell als auch sonnig stehen, einige robuste Pflanzen gedeihen an allen Standorten. Die Einteilung unserer häufigsten Zimmerpflanzen nach ihren Lichtbedürfnissen ist der folgenden Tabelle zu entnehmen.

Pflanzen für helle, sonnige Standorte (Südfenster)

Deutscher Name	*Botanischer Name*
Amaryllis, Ritterstern	*Hippeastrum*-Hybriden
Birkenfeige	*Ficus benjamina*
Bougainvillee	*Bougainvillea*-Arten
Buntnessel	*Coleus-Blumei*-Hybriden
Christusdorn	*Euphorbia milii*
Flammendes Käthchen	*Kalanchoë-Blossfeldiana*-Hybriden

Deutscher Name	*Botanischer Name*
Geranie	*Pelargonium*-Arten
Glockenblume	*Campanula*-Arten
Leuchterblume	*Ceropegia linearis*
Oleander	*Nerium oleander*
Orangen-bäumchen	*Citrus*-Arten
Passionsblume	*Passiflora caerulea*

Zwergapfelsinen *(Citrus)* lieben einen sonnigen Standort.

Pfennigbaum, Dickblatt	*Crassula*-Arten
Phoenix-Palme, Dattelpalme	*Phoenix*-Arten
Roseneibisch	*Hibiscus rosa-sinensis*
Topfrose, Kußröschen	*Rosa chinensis*
Yucca, Palmlilie	*Yucca elephantipes*
Zierspargel	*Asparagus*-Arten
Zimmerkalla	*Zantedeschia aethiopica*

Stilleben mit lebendem Grün

Pflanzen für helle Standorte ohne direkte Sonne (Ost- und Westfenster)

Deutscher Name	*Botanischer Name*
Alpenveilchen	*Cyclamen persicum*
Bergpalme	*Chamaedorea elegans*
Blattbegonie	*Begonia*-Arten
Blütenbegonie	*Begonia*-Arten
Brunfelsie	*Brunfelsia pauciflora* var. *calycina*
Brutblatt	*Kalanchoë*-Arten (früher *Bryophyllum)*
Bubikopf	*Soleirolia soleirolii*
Crossandra	*Crossandra infundibuliformis*
Croton, Wunderstrauch	*Codiaeum variegatum*
Cymbidie, Kahnorchidee	*Cymbidium*-Arten
Drachenbaum	*Dracaena*-Arten
Drehfrucht	*Streptocarpus*-Hybriden
Flamingoblume, Anthurie	*Anthurium*-Arten
Fleißiges Lieschen	*Impatiens walleriana*
Glanzkölbchen	*Aphelandra squarrosa*
Gloxinie	*Sinningia*-Hybriden
Gummibaum	*Ficus elastica*
Guzmanie	*Guzmania*-Arten

Blumenpracht in meinem Wintergarten – Banane und Kamelie (beide links),

Palme (hinten), Zimmerlinde, Azalee (beide rechts)

Deutscher Name	*Botanischer Name*
Jasmin	*Jasminum officinale*
Judenbart, Häng. Steinbrech	*Saxifraga stolonifera*
Klivie	*Clivia miniata*
Kokospälmchen	*Microcoelum weddelianum*
Kolumnee	*Columnea*-Arten
Kranzschlinge	*Stephanotis floribunda*
Marante, Pfeilwurz	*Maranta leuconeura*
Myrte	*Myrtus communis*
Nachtfalter-Orchidee	*Phalaenopsis*-Arten
Osterkaktus	*Rhipsalidopsis gaertneri*
Sansevierie, Bogenhanf	*Sansevieria trifasciata*
Schiefteller	*Achimenes*-Hybriden
Schönmalve, Zimmerahorn	*Abutilon*-Arten
Strahlenaralie	*Schefflera actinophylla*
Tillandsie	*Tillandsia*-Arten
Topfazalee	*Rhododendron simsii*
Venusschuh	*Paphiopedilum*-Arten
Vrisee	*Vrisea*-Arten
Wachsblume	*Hoya carnosa*
Weihnachtskaktus	*Zygocactus truncatus (Schlumbergera)*

Deutscher Name	Botanischer Name
Weihnachtsstern, Poinsettie	*Euphorbia pulcherrima*
Zwergpfeffer	*Peperomia*-Arten
Zypergras	*Cyperus*-Arten

Pflanzen für lichtarme Standorte (Nordfenster)

Deutscher Name	Botanischer Name
Baumfreund	*Philodendron*-Arten
Dieffenbachie	*Dieffenbachia*-Arten
Dreimasterblume	*Tradescantia*-Arten
Efeu	*Hedera helix*
Efeutute	*Epipremnum aureum* (früher *Scindapsus, Rhaphidophora*)
Einblatt, Blattfahne	*Spathiphyllum*-Hybriden
Fensterblatt	*Monstera deliciosa*
Frauenhaarfarn	*Adiantum*-Arten
Fuchsie	*Fuchsia*-Hybriden
Geweihfarn	*Platycerium*-Arten
Grünlilie	*Chlorophytum comosum*
Henne und Küken	*Tolmiea menziesii*
Kentia-Palme	*Howeia*-Arten
Klimme, Zimmerwein	*Cissus*-Arten
Nestfarn	*Asplenium nidus*
Rippenfarn	*Blechnum*-Arten

Das Einblatt erfreut durch besonders haltbare Blüten.

Deutscher Name	Botanischer Name
Saumfarn	*Pteris*-Arten
Schwertfarn	*Nephrolepis*-Arten
Usambaraveilchen	*Saintpaulia ionantha*
Zimmeraralie	*Fatsia japonica*

Temperatur

Zimmerpflanzen brauchen zum Wachstum Wärme. Wieviel davon die einzelnen Pflanzenarten benötigen, ist stark abhängig von ihren arteigenen Ansprüchen, vom Wachstumsrhythmus (Wachstumszeit, Ruhezeit) und vom Lichtangebot.
Die meisten Zimmerpflanzen tolerieren Temperaturen zwischen 18 °C und 22 °C, was den Verhältnissen in unseren Wohnbereichen entspricht. Pflanzen mit anderen Temperaturbedürfnissen muß man gesondert halten, z. B. in einem geschlossenen Blumenfenster, im kühlen Treppenhaus oder in einem kühlen bzw. frostfreien Wintergarten.
Sehr wärmeliebende Pflanzen stehen in unseren Wohnungen glücklicherweise nur selten zu kühl, da die Temperaturen in den überwiegend zentralgeheizten Wohnungen hoch sind. Leider werden jedoch allzuoft die Ansprüche weniger wärmebedürftiger Pflanzen vernachlässigt. Alpenveilchen, Azaleen, Primeln und Hortensien sind Beispiele, die an kühlen Standorten meist problemlos gedeihen. In unseren Wohnräumen stehen sie oft viel zu warm und werden dadurch schnell zu Wegwerfpflanzen.
Innerhalb eines Zimmers können die Temperaturen sehr unterschiedlich sein. So kann es unmittelbar hinter der Fensterscheibe im Sommer viel heißer, im Winter dagegen viel kühler sein als in der Zimmermitte. Zentralgeheizte Zimmer haben oft sehr warme Fensterbänke, wo es schnell zum Austrocknen der Wurzelballen kommt. Viele Pflanzen reagieren auf Ballentrockenheit mit Vergilben und Blattfall. Andere, wie z. B. *Cymbidium,* dürfen nie über einer warmen Heizung stehen, da die Wurzeln einen kühlen Stand lieben. Steinfensterbänke und Fensterbänke in ofenbeheizten Wohnungen sind dagegen meist ziemlich kalt. Viele Pflanzen können auf „kalte Füße“ sehr

TIP
Bei sehr kalten und warmen Fensterbänken hilft eine Isolierschicht. Ich benutze dazu Pappe, Kork oder Styropor.

Das Alpenveilchen fühlt sich in kühlen Räumen besonders wohl.

empfindlich reagieren. Werden kalte Topferden zugleich reichlich gegossen, kommt es leicht zu Wurzelfäule.

Zahlreiche Zimmerpflanzen reagieren empfindlich auf plötzliche Temperaturschwankungen. Gewisse Nachtabsenkungen um 2 °C bis 5 °C werden jedoch gut vertragen, zumal dies meistens den Temperaturverhältnissen am natürlichen Standort entspricht. Kurzes Lüften im Winter schadet den Pflanzen nicht. Zu Frostschäden kann es allerdings kommen, wenn die Gewächse direkt der einströmenden Kaltluft ausgesetzt sind. Zugluft und stehende, warme Luft führen bei vielen Zimmerpflanzen zu vermindertem Wuchs, Blattfall und Schädlingsbefall.

Ein besonders großes Problem ist die artgerechte Überwinterung von Pflanzen, die im Winter eine Ruheperiode benötigen. Hierzu zählen z. B. Orangenbäumchen, Oleander, Hibiskus, Passionsblume, Kamelie, Myrte, Zimmerlinde und Kakteen. Häufig hängen Wachstum und Blühwilligkeit im darauffolgenden Jahr vom Einhalten dieser Winterruhe ab. Da die Pflanzen während dieser Ruhepause kühl, hell und trocken stehen müssen, mangelt es in unseren Wohnungen oft an geeigneten Überwinterungsplätzen. Ideal sind wenige Grad warme Wintergärten und Kleingewächshäuser. Aber auch Treppenhäuser, frostfreie, helle Keller oder kühle Schlafzimmer können zur Überwinterung genutzt werden.

Zur Überwinterung stelle ich den Oleander ins Treppenhaus.

Luftfeuchte

In unseren Wohnungen herrscht meist ein zu niedriger Feuchtigkeitsgehalt der Luft. Die meisten Zimmerpflanzen gedeihen dagegen besser bei einer höheren Luftfeuchtigkeit. Bei einigen Pflanzen wie Bromelien und Orchideen hängt die Entwicklung sogar extrem von der Luftfeuchtigkeit ab. Sie sind nämlich in der Lage, über ihre pelzartig behaarten Blätter mit zahlreichen Saugschuppen Feuchtigkeit aus der Luft aufzunehmen. Bei einigen Arten hat dies sogar zur völligen Zurückbildung der Wurzeln geführt. Bekanntestes Beispiel ist das Louisiana-Moos *(Tillandsia usneoides)*, eine Bromelienart, die in langen, silbrigweißen Gehängen von Zweigen und Ästen herunterwächst. Während die meisten Zimmerpflanzen eine relative Luftfeuchtigkeit von 60–70 % bevorzugen, liegt der relative Feuchtigkeitsgehalt in unseren Wohnungen selten über 40 %. Schadsymptome als Folge zu trockener Luft sind fast immer braune und vertrocknete Blattspitzen und Blattränder. Auch das Nichtöffnen von Blütenknospen oder das Abwerfen von Knospen und Blüten liegt oft an einer zu niedrigen Luftfeuchte. Trockene Luft begünstigt außerdem den Befall durch Spinnmilben, Thripse und andere Schädlinge.

Schäden durch geringe Luftfeuchte treten an Pflanzen um so eher auf, je dünner und weicher ihre Blätter sind, wie beispielsweise bei Farnen. Je dicker und ledriger das Laub, desto widerstandsfähiger ist es auch. Kakteen und Sukkulenten vertragen trockene Luft am besten, da ihre Blätter – in Anpassung an trockene Standorte – verkleinert sind oder fehlen.

Pflanzen, die eine höhere Luftfeuchtigkeit bevorzugen, kann man regelmäßig mit Wasser besprühen. Ausgenommen davon sind Gewächse mit behaarten Blättern, wie z. B. Usambaraveilchen, Gloxinien, Drehfrucht und Geweihfarn. Werden ihre Blätter mit Wasser benetzt, bilden sich häßliche, weiße Wasserflecken. Ein Besprühen offener, insbesondere zarter Blüten sollte ebenfalls vermieden werden, da viele Pflanzen dies nicht vertragen. Das Besprühen in praller Mittagssonne führt leicht zu Blattverbrennungen, da die Wassertropfen auf dem Laub wie Brenngläser wirken. An kühlen Abenden darf ebenfalls nicht gesprüht werden, da die Blätter nicht mehr rechtzeitig abtrocknen können und es dann sehr leicht zu Pilzbefall kommen kann.

Ich besprühe regelmäßig Pflanzen, um die Luftfeuchtigkeit zu erhöhen.

TIP
Zum Besprühen sollte man immer kalkfreies und zimmerwarmes Wasser verwenden, um Kalkflecken oder durch Kälteschock verursachte Blattflecken zu vermeiden.

Auf diese Weise kann die Luftfeuchte aber nur kurze Zeit erhöht werden. Sinnvoller ist eine Reihe weiterer Methoden zur Luftbefeuchtung. Die einfachste ist das Speichern und langsame Verdunsten von Wasser in Substraten wie Blähton, Bimskies, Grolit oder Erde, in das die Pflanzen ausgepflanzt oder eingesenkt werden. Wer keine derartige Möglichkeit hat, kann auch Einzelpflanzen in einen

Wassergefüllte Untersetzer zur Erhöhung der Luftfeuchte. Zum Schutz vor Wurzelfäule stehen die Pflanzen auf Kieselsteinen.

größeren, mit Torf gefüllten Übertopf setzen. Das verdunstete Wasser erhöht dann die Luftfeuchtigkeit direkt um die Pflanze. Empfehlenswert sind auch wassergefüllte Verdunsterschalen mit Gitterrosten, auf denen die Pflanzen stehen. Eine andere Möglichkeit besteht darin, in wassergefüllte Schalen oder Untersetzer Kieselsteine zu legen und darauf die Blumentöpfe zu stellen. Die Wurzeln dürfen aber nicht mit dem Wasser in Berührung kommen, da sie sonst leicht faulen. Eine sehr gute Methode ist das Aufstellen elektrischer Luftbefeuchter, die auf eine bestimmte gewünschte Luftfeuchte eingestellt werden können. Dies ist keine billige Lösung, jedoch sollte man bedenken, daß durch die Erhöhung der Luftfeuchtigkeit das verbesserte Raumklima auch dem Wohlbefinden des Menschen zugute kommt.

Wasser und Gießen

Richtiges Gießen ist nicht nur eine besonders wichtige Pflegemaßnahme, sondern sicherlich auch die schwierigste. Auf die Frage: „Wie oft muß man gießen?“ kann ich keine allgemeingültige Antwort geben. Der Wasserbedarf unserer Zimmerpflanzen hängt von einer Vielzahl von Faktoren ab.
Das Gießen richtet sich nach der Pflanzengröße und dem Aufbau des Pflanzenkörpers der einzelnen Arten.

Links: Nässeempfindliche Pflanzen wie das Alpenveilchen, dessen Herz leicht zu faulen beginnt, werden über den Untersetzer gegossen. Rechts: Ausgetrocknete Wurzelballen muß man so lange in zimmerwarmes Wasser tauchen, bis keine Luftblasen mehr aufsteigen.

Gewächse mit großen oder weichen Blättern verdunsten mehr als andere Arten mit kleinem oder festem Laub, das vielleicht noch durch Wachsschichten geschützt ist, oder deren Blätter sogar ganz zurückgebildet sind, wie es bei den meisten Kakteen der Fall ist.
In warmen Räumen oder an Plätzen direkt über der Heizung benötigen Pflanzen mehr Gießwasser als an kühlen Orten. An heißen Sommertagen wird mehr Wasser verdunstet als im Winter oder an trüben Tagen. Während der Ruheperioden ist der Wasserbedarf der meisten Gewächse stark eingeschränkt. Auch frisch getopfte oder vermehrte Pflanzen benötigen meist erheblich weniger Wasser.
Der Wasserbedarf richtet sich außerdem nach den Gefäßen und Substraten. Kleine Blumentöpfe sind meist weniger, dafür aber häufiger zu gießen als große, die mehr Wasser speichern können. Pflanzen in Kunststofftöpfen brauchen seltener Wasser, da die Bodenfeuchtigkeit nicht durch die Topfwände verdunsten kann. Ich empfehle für unerfahrene Zimmergärtner auf jeden Fall Tontöpfe, da sie saugfähig sind und so überschüssiges Wasser aufnehmen und an die umgebende Luft abgeben können.
Sandige Topferden verdunsten Gießwasser schneller als lehmige Erden. Solche mit hohem Lehm- oder Torfgehalt binden jedoch einen Teil des Wassers so fest, daß es von den Pflanzen nicht aufgenommen werden kann. Deshalb sind diese Substrate feuchter zu halten als sandige.
Ausgetrocknete, insbesondere torfreiche Erden müssen längere Zeit getaucht werden, da beim normalen Gießen das Wasser nicht mehr ausreichend aufgenommen wird. Es läuft gleich durch das Abzugsloch wieder hinaus. Auf diese Weise vertrocknen viele Zimmerpflanzen, da man auf Grund des herauslaufenden Wassers glaubt, daß die Erde ausreichend feucht ist.

Vor dem Gießen immer erst den Feuchtigkeitsgehalt der Erde prüfen

Dennoch gehen mehr Pflanzen durch zuviel Wasser ein als durch zuwenig. Eine zu reichlich gegossene Pflanze ist an welk herabhängenden und vergilbenden Blättern zu erkennen. Mancher Zimmergärtner verwechselt diese Symptome mit Wassermangel und gießt die Pflanze erst recht. Zur Welke kommt es, weil die Wurzeln im Boden durch die Nässe nicht mehr genügend Sauerstoff erhalten, faulen und somit

kein Wasser mehr aufnehmen können. Derartig geschwächte Pflanzen werden zusätzlich leicht von Pilzen befallen.
Gießen sollte nicht zur Routinearbeit werden, sondern erst nach sorgfältiger Kontrolle erfolgen. Ob Topfpflanzen Wasser brauchen, kann man am besten mit den Fingern prüfen. Bleibt etwas feuchte Erde an den Fingern hängen, hat die Pflanze noch genügend Feuchtigkeit.
Außerdem sind feuchte Topferden an ihrer Konsistenz leicht zu erkennen. Sie sind deutlich schwerer und dunkler als trockene.

TIP
Ich klopfe an die Tontöpfe. Wenn der Klang hell ist, muß gegossen werden. Man braucht allerdings ein bißchen Erfahrung dazu.

Je nach Pflanzengruppe sollte die Erde entweder gleichmäßig feucht (aber nicht naß) gehalten oder erst nach vollständigem Abtrocknen der Oberfläche gegossen werden. Ein Austrocknen des Wurzelballens führt bei zahlreichen Pflanzen zu trockenen Blattspitzen, Blattfall oder Abstoßen von Knospen und Blüten. Überschüssiges Gießwasser sollte nie länger als ein paar Minuten im Untersetzer oder Übertopf stehenbleiben, um Wurzelfäulnis zu vermeiden.
Von dieser Regel gibt es allerdings manche Abweichungen. Zypergräser und das Kokospälmchen lieben einen nassen Fuß und wünschen ständig

Nach spätestens zwei Stunden gieße ich überstehendes Wasser aus dem Untersetzer ab.

Wasser im Untersetzer. Bei einigen Bromelien-Arten muß das Gießwasser in den Blattrichter gegossen werden. Pflanzen mit Knollen, behaarten oder sehr weichen Blättern und Blattrosetten faulen leicht oder bekommen bei Benetzung Blattflecken. Sie sind über den Untersetzer zu gießen oder so, daß das Herz der Pflanze, die Blattachseln, Laub und Knollen trocken bleiben (z. B. Alpenveilchen und Bubiköpfchen). Dabei ist darauf zu achten, daß das Wasser nie länger als zwei Stunden im Untersatz steht. Azaleen sind während der Sommermonate für ein häufiges Tauchen der Wurzelballen dankbar.
Zum Gießen sollte immer zimmerwarmes Wasser verwendet werden. Kaltes Wasser kann Blattflecken, Verkorkungen oder Blattfall verursachen.
Moorbeetpflanzen und auch Pflanzen der tropischen Regenwälder, wie bei-

spielsweise Orchideen und Bromelien, vertragen kein hartes Wasser (Wasser mit hohem Kalkgehalt). Bei der Phoenixpalme führt hartes Gießwasser ähnlich wie Ballentrockenheit zu trockenen Blattspitzen.

Mit Wasserhärte wird der Gehalt des Wassers an Kalzium- und Magnesiumsalzen bezeichnet. Als weich gilt Wasser bis zu 10 Grad deutscher Härte (° dH), bis 15° dH spricht man von mittelhartem, darüber von hartem oder sehr hartem Wasser. Die Wasserhärte kann bei den zuständigen Wasserwerken erfragt werden.

Hartes und sehr hartes Wasser sollte für alle Pflanzen in jedem Fall enthärtet werden. Bis 10 °dH genügt es schon, das Wasser für Azaleen und andere Moorbeetpflanzen abstehen zu lassen.

Bis etwa 12° dH kann man Wasser durch Abkochen enthärten. Die Salze lagern sich als Kesselstein ab. Weniger energieaufwendig und auch für höhere Härtegrade geeignet sind Ionenaustauscher, wie sie auch bei der Wasserentkalkung für Dampfbügeleisen benutzt werden.

Lebensraum Blumentopf

Die Qualität der Blumenerden beeinflußt in hohem Maße das Wachstum und die Gesunderhaltung der Pflanzen. Leider ist jedoch für eine große Zahl unkritischer Verbraucher allein der günstige Preis für die Wahl einer Erde ausschlaggebend. Blumenerden sollten aber nicht allein der Füllung von Blumentöpfen dienen oder den Wurzeln Halt geben, sondern darüber hinaus gewissen Anforderungen entsprechen: Sie müssen locker sein und bleiben, d. h. vergießfest sein, Wasser und Nährstoffe speichern können, krankheitsfrei sein, Nährstoffe in der richtigen Konzentration enthalten und schließlich einen optimalen pH-Wert haben.

TIP
Ich selbst nehme reifen Kompost, um meine Blumenerde zu verbessern.

Früher machte so mancher Gärtner viel Aufhebens und Geheimnis um die Herstellung seiner Blumenerden. Rezepturen für zahlreiche Spezialerden werden in alten Fachbüchern beinahe wissenschaftlich beschrieben.

Heute handelt es sich vielfach nicht

Man kann Erde durch Zugabe von substratverbessernden und wachstumsfördernden Stoffen anreichern.

Der Goldkugelkaktus ist besser unter dem Namen „Schwiegermuttersessel" bekannt.

mehr um Erden, sondern um Substrate, die künstlich aus verschiedenen organischen, mineralischen und manchmal aus synthetischen Stoffen gemischt werden.
Die meisten Substrate im Fachhandel enthalten in erheblicher Menge Torf, dem Ton, Sand, künstliche Stoffe wie Styromull und Hygromull oder andere Stoffe zugefügt werden. Torf kann ein Vielfaches seines Eigengewichtes an Wasser speichern und wird darüber hinaus wegen seiner hohen Luftspeicherfähigkeit geschätzt. Ton bzw. Lehm speichert gut Nährstoffe. Styromull ist wasserabweisend und trägt zur Durchlüftung bei, Hygromull erhöht die Fähigkeit zur Wasserspeicherung. Durch Zugabe von scharfem Sand (kalkfreier Quarzsand) werden die Erden durchlässiger für Wasser.
Seit einigen Jahren wird intensiv über die Eignung von Rinde als Ersatzprodukt für Torf geforscht. Bislang haben sich Rindensubstrate besonders bei Beet- und Balkonpflanzen als sehr geeignet erwiesen.
Neuerdings ist im Fachhandel auch eine Erde für Zimmer- und Balkonpflanzen erhältlich, die zu 100 % aus verrotteten Feinfasern der Kokosnuß besteht. Dieses mit organischem Dünger schwach vorgedüngte Substrat besteht somit aus 100 % nachwachsenden Rohstoffen.
Für fast alle Zimmerpflanzen lassen sich handelsübliche Torfkultursubstrate verwenden, mit Ausnahme einiger Sonderkulturen wie Kakteen, Orchideen, Bromelien und Moorbeetpflanzen. Kakteen lieben eine sehr durchlässige, sandige, stickstoffarme Erde. Orchideen und Bromelien benötigen ein ausgesprochen lufthaltiges, wasserabführendes Substrat. Moorbeetpflanzen brauchen einen niedrigen Kalkgehalt. Für diese Pflanzen gibt es Spezialerden im Handel.
Jeder Hobbygärtner weiß, wie wichtig Bodenlebewesen für einen fruchtbaren Gartenboden sind. Die Vielfalt des Bodenlebens reicht von Regenwürmern bis hin zu Kleinstlebewesen, den sogenannten Mikroorganismen. Diese sind die Grundlage fruchtbarer Erden, weil sie abgestorbene Pflanzenreste abbauen und daraus Nährstoffe für die

Pflanzen freisetzen. Genauso wichtig wie in unseren Gartenböden ist das Bodenleben auch im Blumentopf.
Die Bodenlebewesen tragen durch ihre Tätigkeit erheblich zur Strukturverbesserung der Erde bei. Ohne Mikroorganismen verdichtet sich eine Topfpflanzenerde zunehmend. Sie wird hart, verkrustet und nimmt Gießwasser nur schlecht auf. Vielfach bleibt Wasser beim Gießen oberflächlich stehen und läuft dann zwischen Topfwand und Wurzelballen hindurch in den Untersetzer. Um dies zu vermeiden, sollte man auch im Blumentopf für ein gesundes Bodenleben sorgen. Handelsübliche Blumenerden enthalten nur wenig Mikroorganismen oder sind sogar nahezu steril. Diese Erden können mit nützlichen Mikroorganismen angereichert werden. Im Fachhandel gibt es biologisch-organische Blumendünger für Zimmerpflanzen, die bodeneigene Mikroorganismen enthalten. Durch Einmischen von Düngergaben in frisch gekaufte Erden oder durch Einarbeiten in die oberste Erdschicht der Blumentöpfe kann man aus herkömmlicher Topferde biologisch aktive Blumenerde machen. Dadurch wird die Erde krümelig und locker. Die Wurzeln können gut atmen sowie Wasser und Nährstoffe besser aufnehmen. Es kommt nicht mehr zu stark wucherndem Wurzelfilz. Verkrustungen durch Salze bleiben aus. Darüber hinaus herrscht in einer biologisch aktiven Zimmerpflanzenerde wie in der Natur ein Wechselspiel zwischen verschiedenen Mikroorganismen. Dieses schützt die Erde und die Topfpflanze vor einer einseitigen Vermehrung von Krankheitserregern.

Jasmin hat einen betörenden Duft.

Der pH-Wert

Eine wichtige Eigenschaft der Blumenerde, die auf die Bedürfnisse der Pflanzen abgestimmt sein muß, ist der pH-Wert oder Säuregrad. Dieser hat starke Auswirkungen auf das Wachstum der Pflanzen, auf die Tätigkeit der Mikroorganismen sowie auf die Wirkung von Düngemitteln. Der pH-Wert

wird durch Wertstufen von 1–14 ausgedrückt. pH 1 entspricht reiner Salzsäure, pH 14 reiner Natronlauge, pH 7 bedeutet neutral und entspricht reinem Wasser.
Eine Erde kann sauer, neutral oder alkalisch sein, und je nach geographischer Herkunft haben die Pflanzen auch unterschiedliche Ansprüche an den Säuregehalt. Die meisten Zimmerpflanzen bevorzugen eine leicht saure Erde mit einem pH-Wert von 5,5 bis 6,5. Moorbeetpflanzen wie Azaleen, Eriken und Hortensien benötigen für ihr Wachstum saure Substrate mit einem niedrigen pH-Wert von 4 bis 4,5. In alkalischer, stark kalkhaltiger Erde würden sie schnell kümmern, vergilben und eingehen. Nur wenige Gewächse bevorzugen ein schwach saures bis neutrales Milieu. Ein paar unempfindliche Zimmerpflanzen, wie beispielsweise Grünlilie und Schusterpalme, vertragen noch pH-Werte bis 7,2.
Blumenerden, die zu einem überwiegenden Anteil aus saurem, kalkarmem Torf bestehen, haben meist einen niedrigen pH-Wert. Da Kalk wasserlöslich ist, kann er mit der Zeit ausgewaschen werden, wodurch die Erde versauert. Umgekehrt kann der pH-Wert der Topferde durch regelmäßiges Gießen mit kalkhaltigem Wasser ansteigen.
Gewisse pH-Wert-Schwankungen werden von den Zimmerpflanzen toleriert.

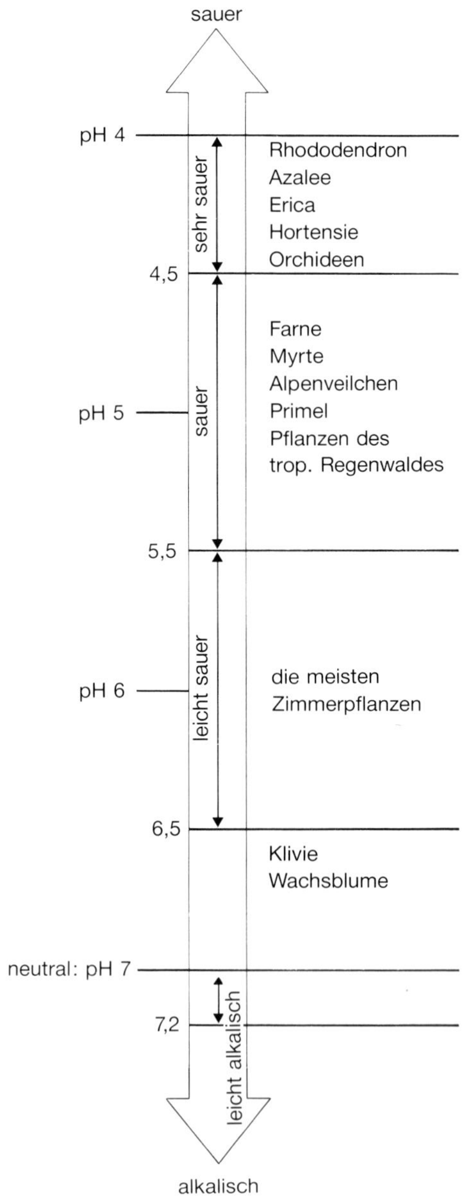

pH-Wert-Bedürfnisse der Zimmerpflanzen

Untermischen von Kaffeesatz lockert Blumentopferden und säuert Substrate, die oft durch zu kalkhaltiges Gießwasser einen zu hohen pH-Wert haben.

Im Fachhandel gibt es spezielle Kalkprüfer auf der Basis von Testtabletten oder Teststäbchen sowie elektrische pH-Meßgeräte. Diese ermöglichen es dem Zimmergärtner, auf sehr einfache Weise den Säuregrad seiner Erden selbst zu ermitteln.
Der pH-Wert von sauren Substraten ist durch Zufügen von Kalk anzuheben. Der biologisch orientierte Zimmergärtner kann seine Erde durch Beimischen von speziellem kohlensauren Kalk biologisch aufkalken. Dieser Kalk enthält außer mildem Düngekalk wertvolle Azotobacter-Bakterien. Diese Mikroorganismen fördern durch die Bildung von Wuchsstoffen die Wurzelbildung und das Pflanzenwachstum. Dadurch wird die Widerstandskraft der Pflanzen erhöht.

TIP
Ich verwende Kaffeesatz gerne zur Pflanzenpflege, denn mit ihm kann der pH-Wert der Blumenerde gesenkt werden. Auch zum Lockern der Erde ist er gut geeignet.

Naturgemäße Düngung

Pflanzen brauchen zum Wachstum Nährstoffe, die sie in der Regel über die Blumenerde in Form von Düngern erhalten. Zwar können auch jahrelang nicht gedüngte Pflanzen noch ansehnlich aussehen, bei zu arger Vernachlässigung treten jedoch an den Pflanzen typische Nährstoffmangelsymptome in Form von Kümmerwuchs, Mißbildungen oder Verfärbungen auf. Auch zu reichliche Düngung kann zu Krankheitserscheinungen führen.
Für ein ausgeglichenes Wachstum benötigt die Pflanze einige sogenannte Hauptnährstoffe in größeren und Spurenelemente in geringen Mengen. Die Hauptnährstoffe sind Stickstoff (N), Phosphor (P) und Kalium (K), deren prozentualer Gehalt üblicherweise auf den Düngerpackungen in der Reihenfolge N P K in Zahlen angegeben wird, z. B. 6 : 4 : 10. Weitere Hauptnährstoffe sind Kalzium (Ca) und Magnesium (Mg).
Stickstoff dient dem Blatt- und Stengelwachstum. Reichliche Stickstoffversorgung führt zu üppiger Blattentwicklung, oft auf Kosten der Blütenbildung. Pflanzen, die unter Stickstoff-

Typische Anzeichen für Nährstoffmangel. Von links nach rechts: Stickstoff-, Phoshor- und Kaliummangel, ganz rechts gesundes Blatt vom Weihnachtsstern

mangel leiden, sind im Wuchs kleiner und haben gelbgrün verfärbte Blätter. Phosphor fördert die Blütenbildung, aber auch Samen- und Wurzelentwicklung. Phosphormangel führt zu mangelnder Blüten- und Fruchtentwicklung, die Blätter verfärben sich zunächst dunkelgrün, später rötlichviolett und vertrocknen. Die Symptome zeigen sich zuerst am älteren Laub.

Kalium reguliert den Wasserhaushalt der Zellen, gibt den Pflanzen Festigkeit und erhöht die Widerstandsfähigkeit gegen verschiedene Krankheiten. Kaliummangel läßt Pflanzen welken und äußert sich in geringerer Standfestigkeit. Die Blätter verbräunen vom Rand her, rollen sich ein und sterben ab. Die Symptome zeigen sich zuerst an älterem Laub.

Magnesium ist für den Aufbau des Blattgrüns (Chlorophyll) wichtig. Typische Magnesiummangelsymptome sind Vergilbungen älterer Blätter, wobei die Blattadern grün bleiben.

Kalzium ist Baustein vieler Verbindungen in der Pflanze und wird für Stoffwechselprozesse gebraucht. Bei Man-

Die Klivie blüht in prächtigen Blütendolden.

gel vergilben die jungen Blätter. An Zimmerpflanzen kommt es jedoch so gut wie nie zu Kalzium-Mangelerscheinungen.
Zu den Spurenelementen gehören Eisen (Fe), Mangan (Mn), Kupfer (Cu), Bor (B) und Molybdän (Mo). Besonders wichtig für die Pflanze ist das Eisen, das für die Blattgrün- und Eiweißbildung unentbehrlich ist. Eisen kann in Erden mit hohem pH-Wert oder bei der Verwendung von sehr kalkhaltigem Gießwasser als Eisencarbonat gebunden sein und dann nicht mehr von der Pflanze aufgenommen werden. Eisenmangel (siehe Seite 92) äußert sich in der Vergilbung junger Blätter, wobei die Blattadern zunächst noch grün bleiben. Bei starkem Mangel verfärben sich die Blätter weißlich und sterben ab.
Der Nährstoffbedarf der Pflanzen ist nicht immer gleich, sondern richtet sich nach der Pflanzenart, dem Entwicklungsstadium, der Jahreszeit und anderen Faktoren. Im Kapitel „Zimmerpflanzen von A bis Z“ (Seite 116) dieses Ratgebers werde ich auf die pflanzenspezifischen Nährstoffbedürfnisse hinweisen. Auf eine Düngeempfehlung (z. B. einmal wöchentlich düngen) wird verzichtet, da die Häufigkeit der Düngung von der Wahl des Düngemittels und dessen Konzentration abhängt.
Es gibt Starkzehrer (Pflanzenarten mit hohem Nährstoffbedarf) und Schwachzehrer. Jüngere Pflanzen brauchen viel Stickstoff, ältere haben vor allem während der Blüte einen hohen Bedarf an Phosphor und Kalium. Im Winter sollte nur selten oder gar nicht gedüngt werden, da aufgrund von Lichtmangel weniger Nährstoffe verarbeitet werden. Eine Düngung bei unzureichender Lichtintensität führt zu kleinen, farblosen Blättern und vergeilten Pflanzen. Gewächse, die sich in einer Ruheperiode befinden, werden überhaupt nicht gedüngt. Nach dem Umtopfen sollte sechs bis acht Wochen nicht gedüngt werden, da die käuflichen Blumenerden meistens Nährstoffe enthalten und

dieser Vorrat eine gewisse Zeit ausreicht.
Überdüngte Pflanzen reagieren häufig mit Mißbildungen und Wachstumsstockungen. Stickstoffüberdüngte Pflanzen bekommen ein weiches, schwammiges Gewebe und sind anfälliger gegenüber Krankheiten und Schädlingen. Bei zu starker mineralischer Düngung, d. h. bei zu hoher Salzkonzentration in der Erde, kommt es sehr leicht zu Verbrennungen an den Wurzeln, insbesondere bei trockenen Wurzelballen.

Um richtig düngen zu können, muß man die Bedürfnisse der Pflanze genau kennen.

Durch Ernährung mit organischen Düngemitteln können derartige Verbrennungen vermieden werden, da die organischen Stoffe zunächst von Mikroorganismen in pflanzenverfügbare Nährstoffe umgesetzt werden müssen. Darüber hinaus regen organische Dünger die Tätigkeit der Bodenorganismen an, wodurch die Bodenstruktur verbessert wird. Schließlich ist durch die langsame Umsetzung der organischen Substanz ein ausgewogenes Nährstoffangebot über längere Zeit gesichert.
Es gibt sowohl flüssige als auch feste organische Dünger für Zimmerpflanzen. Diese sind tierischer oder pflanzlicher Herkunft.
Hornspäne sind beispielsweise als rein organische Stickstoffdünger besonders für Grünpflanzen geeignet.
Kuhdung gibt es getrocknet, sterilisiert und geruchsneutral als kaliumbetonten Dünger im Fachhandel.
Rizinusschrot ist ein rein pflanzlicher, stickstoffbetonter Volldünger. Er besteht aus den Rückständen, die beim Auspressen ölhaltiger Rizinusbohnen übrigbleiben.
Guano wird aus Vogelexkrementen gewonnen. Er ist ein pulverisierter oder flüssiger Dünger mit hohem Phosphoranteil. Die Nährstoffkonzentration ist gegenüber üblichen Blumendüngern geringer, aber Guano ist reich an Spurenelementen.
Es gibt auch rein organische und mineralische Zimmerpflanzendünger mit organischen Anteilen fertig im Handel.

Pflanzenstärkungsmittel

Pflanzenextrakte, Kräuterpräparate und andere naturgemäß stärkende und pflegende Mittel, die es im Gartenfachhandel zu kaufen gibt, können das

Wachstum und die Entwicklung von Pflanzen fördern sowie die Widerstandsfähigkeit gegen Schädlings- und Krankheitsbefall erhöhen.

Meeresalgenextrakte aus Braunalgen können, ähnlich einer Blattdüngung, gespritzt werden. Sie stärken die Widerstandskraft und eignen sich besonders dazu, geschwächte Pflanzen (z. B. durch Pflegefehler bzw. Schaderregerbefall) wieder zu kräftigen.

Schachtelhalm-Präparate sind altbekannte Pflanzenpflegemittel, die Kieselsäure enthalten. Sie dienen zur Vorbeugung gegen Pilzkrankheiten.

Auch Auszüge aus dem Staudenknöterich *Reynoutria sachalinensis* sind vorbeugend gegen Pilzkrankheiten einsetzbar.

Baldrianextrakte verstärken die Blütenbildung und regen das Bodenleben an. All diese Stärkungsmittel sind auch bereits fertig zubereitet erhältlich.

Zur besseren Bewurzelung von Stecklingen und zur Förderung des Wurzelwachstums von Pflanzen, besonders nach dem Umtopfen, nehme ich veredelte **Meeresalgenextrakte** ebenfalls gern.

Diese Palette von pflanzenstärkenden Präparaten könnte noch beliebig durch weitere sogenannte Pflanzenhilfs- und -stärkungsmittel ergänzt werden. Da jedoch über viele Präparate nur Erfahrungen an Gartenpflanzen vorliegen, wird an dieser Stelle auf die Bio-Garten-Literatur oder den Gartenfachhandel verwiesen (Literaturhinweise siehe Anhang S. 179).

Über die Zugabe von Stärkungsmitteln freut sich jede Pflanze.

Richtig umtopfen

Verschiedene Gründe können ein Umtopfen von Pflanzen erfordern. Schlechte Blumenerden verdichten sich beispielsweise so schnell, daß die Wurzeln nicht mehr genügend Sauerstoff erhalten. Erden, die man ständig mit kalkhaltigem Wasser gießt, werden mit der Zeit alkalischer, d h., ihr Kalkgehalt erhöht sich. Dies äußert sich in weißen Kalkablagerungen auf der Erde und in typischen Salzausblühungen an Tontöpfen. Hier dringen die Salze aus dem Wasser durch die Topfwand und lagern sich ab. In erster Linie brauchen Pflanzen jedoch neue Töpfe, wenn die Erde verbraucht und völlig durchwurzelt ist. Es gibt keine allgemeingültige Regel, wann und wie oft getopft werden muß, da der richtige Zeitpunkt von Pflanzenart, Pflanzengröße, Standort und Pflege abhängt. Durch Austopfen erkennt man, ob die

Der richtige Termin für das Umtopfen ist dann gekommen, wenn der Wurzelballen nicht mehr auseinanderfällt und die Wurzeln den Erdballen ganz durchwachsen haben.

So lange sollte mit dem Umtopfen nicht gewartet werden. Der Erdballen ist viel zu stark durchwurzelt. Der Topf muß beim Lösen des Ballens zerschlagen werden, um die Wurzeln zu schonen.

Wurzeln bereits aus der Oberfläche des Ballens herausdringen. Dann ist der richtige Termin zum Topfen erreicht. Man sollte nicht erst warten, bis die Wurzeln aus dem Wasserabzugsloch herauswachsen oder am Topfboden eine dichte Spirale bilden.

Größenverhältnis zwischen Wurzelballen und neuem Blumentopf. Die Topferde sollte bis zu einem Gießrand von 1 bis 2 cm aufgefüllt werden. Der alte Wurzelballen wird beim Eintopfen am Rand etwas gelockert, damit die Wurzeln das neue Erdreich leichter durchwurzeln.

März bis September ist für die meisten Pflanzen die beste Umtopfzeit. Gewächse, die im Winter eine Ruhezeit haben, werden am besten im Frühjahr umgetopft, wenn sie mit neuem Wachstum beginnen. Nur für wenige Arten mit einer Ruhephase im Sommer (z. B. Zimmerkalla) ist im Herbst der beste Zeitpunkt zum Topfen.

Beim Austopfen achte ich darauf, daß die Wurzeln – insbesondere sehr brüchige, fleischige – nicht beschädigt werden. Der neue Topf darf nicht zu groß sein, sonst kann die Pflanze mit geringerer oder gar keiner Blütenbildung reagieren. Bei kleinen Pflanzen sollte der Topfdurchmesser gegenüber dem vorherigen Gefäß etwa 1 cm, bei größeren etwa 2–3 cm größer sein. Auf den Boden des neuen Gefäßes legt man als Drainage eine Tonscherbe

Amaryllis-Zwiebeln werden gut zur Hälfte in die Topferde gesteckt.

Die Knolle des Alpenveilchens sollte mindestens zu einem Drittel aus der Erde herausragen.

oder eine Schicht aus Kies bzw. Blähton, damit überschüssiges Gießwasser gut abfließen kann. Dann schichtet man so viel frische Erde als Unterlage für den Wurzelballen in den Topf, daß die Pflanze im neuen Gefäß nicht tiefer sitzt als im alten. Nach dem Einsetzen wird der Topf rings um den Ballen bis zu einem Gießrand von 1–2 cm mit Erde aufgefüllt und leicht festgedrückt. Der Gießrand sollte nicht höher sein, da sonst die Gefahr besteht, daß die Pflanze zuviel gegossen wird. Danach wird die Pflanze gut gewässert. Frisch getopfte Gewächse gedeihen besser, wenn sie zunächst nicht der vollen Sonne ausgesetzt und gelegentlich besprüht werden.

TIP

Um alle Hohlräume gleichmäßig mit Erde zu füllen, hilft ein vorsichtiges Aufstoßen des Topfes.

Vermehren – so gelingt es

Viele Gründe sprechen dafür, Zimmerpflanzen selbst heranzuziehen. So gilt es, noch gesunde Pflanzenteile kranker Pflanzen am Leben zu erhalten oder unansehnlich bzw. zu groß gewordene zu verjüngen. Da ich alle meine Pflanzen als Lebewesen achte, fällt es mir immer besonders schwer, mich endgültig von einer zu trennen. Manche Pflanzen kann man nicht im Handel, sondern nur durch Tausch erwerben. Auch der Ableger als Geschenk für den Nachbarn, die anfallenden Kopftriebe beim Rückschnitt, die man nicht wegwerfen mag, die unerlaubten „Mitbringsel" aus botanischen Gärten oder der leidenschaftliche Vermehrungsdrang der Zimmergärtner bei Kindeln, Ausläuferpflanzen oder Brutblättchen erfordern etwas Wissen über die Möglichkeiten der Vermehrung.
Grundsätzlich unterscheidet man die ungeschlechtliche (vegetative) Vermehrung aus ober- oder unterirdischen Pflanzenteilen und die geschlechtliche (generative) Vermehrung durch Samen bzw. Sporen bei Farnpflanzen.

Saatschale mit Glasabdeckung zum Schutz vor Verdunstung (1). Sämlinge, die zu dicht stehen, müssen rechtzeitig vereinzelt werden, um Pilzbefall vorzubeugen (2). Mit einem Pikierholz oder Stift werden die Sämlinge vorsichtig aus der Erde gehoben, in ein vorgebohrtes Loch gepflanzt und leicht mit Erde angedrückt (3).

Aussaat

Zahlreiche Zimmerpflanzen lassen sich aus Samen vermehren. Das letzte Kapitel dieses Ratgebers, „Zimmerpflanzen von A bis Z", Seite 116, gibt Auskunft, welche Pflanzen für diese Vermehrungsform geeignet sind. Alltägliche, aber auch exotische Sämereien sind heute meist problemlos im Gartenfachhandel erhältlich. Der Zimmergärtner sollte jedoch einen Nachteil dieser Vermehrungsmethode bedenken: Durch Aussaat vermehrte

Pflanzen zeigen oft eine geringere Blühfreudigkeit gegenüber solchen, die aus Stecklingen gewonnen werden. Zur Aussaat benutze ich flache Gefäße oder Saatschalen, notfalls auch kleinere Blumentöpfe. Die Aussaaterde sollte nährstoffarm und möglichst keimfrei sein. Zur besseren Durchlässigkeit der Vermehrungssubstrate kann kalkfreier Sand („scharfer" Sand) zugemischt werden. Eine dünne Schicht Sand oder Styromull unter der Aussaaterde ist ein kleiner Trick, um einen guten Wasserabzug zu gewährleisten. Die Erde wird nach dem Einfüllen leicht angedrückt, die oberste Erdschicht möglichst fein darauf gesiebt. Große Samen werden einzeln ausgelegt, feines Saatgut streut man dünn in Rillen aus. Die Saat wird anschließend etwa so hoch, wie die Samen dick sind, fein mit Sand oder Erde übersiebt und mit einer Blumenspritze angefeuchtet. Das Gefäß deckt man zum Schutz vor Austrocknung mit einer Glasscheibe ab. Dunkelkeimer werden zusätzlich bis zum Auflaufen mit Papier bedeckt.
Die meisten Samen keimen bei ca. 18 °C. Exotische Sämereien sind oft wärmebedürftiger. Samen, die gleichmäßig hohe Keimtemperaturen über mehrere Wochen benötigen, lassen sich gut in kleinen Vermehrungskästen anziehen, die aus einer Saatschale mit passender Abdeckhaube bestehen. Im Fachhandel werden beheizbare Kästen angeboten, die eine gleichmäßige Bodenwärme und hohe Luftfeuchte gewährleisten. Nach der Keimung müssen die Sämlinge durch gelegentliches Lüften langsam an die trockene Raumluft und gegebenenfalls an kühlere Temperaturen gewöhnt werden. Stehen die Pflänzchen zu dicht, müssen sie pikiert, d. h. vereinzelt werden. Die Umsetzung erfolgt meist nach Erscheinen des ersten Blattpaares entweder noch einmal in Schalen oder direkt in entsprechend kleine Töpfe mit Anzuchterde.
Entscheidend für eine erfolgreiche Aussaat ist hygienisches Arbeiten und die Verwendung gründlich gereinigter oder sterilisierter Vermehrungsgefäße, um Bakterien- und Pilzkrankheiten zu vermeiden.

Ableger

Viele Zimmergärtner verwenden die Bezeichnung Ableger als Sammelbegriff für Jungpflanzen, die auf unter-

Ableger sollten groß genug sein, bevor sie von der Mutterpflanze abgetrennt werden.

schiedliche Weise vegetativ vermehrt wurden. Im allgemeinen versteht man unter Ablegern Seitensprosse, die nach Abtrennung von der Mutterpflanze gleich in einen eigenen Topf gepflanzt werden können.

Kindel und Ausläufer

Ausläuferpflanzen der Grünlilie (*Chlorophytum*) (1). Nach Abtrennung Bewurzelung in Wasser (2)

Einige Zimmerpflanzen bilden Tochterpflanzen, die in Wasser oder Erde willig bewurzeln und eine ideale Vermehrungsmethode für Anfänger unter den Zimmergärtnern darstellen. Häufig entwickeln diese Pflanzen sogar schon Wurzeln oder Wurzelansätze an

Hängender Steinbrech oder „Judenbart“

der Mutterpflanze. Typische Tochterpflanzen sind beispielsweise die Ausläuferpflänzchen von Grünlilie *(Chlorophytum comosum)* und Judenbart oder Hängender Steinbrech *(Saxifraga stolonifera)*. Auch die Brutpflänzchen von Henne und Küken *(Tolmiea menziesii)* oder die sogenannten Kindel der Bromelien vermehren sich auf diese Weise.

Bei Bromelien werden die Kindel von der Mutterpflanze abgetrennt und eingepflanzt.

Brutknospen

Eine außergewöhnliche Vermehrungsweise hat sogar einigen Topfpflanzen ihren Namen gegeben. Die Brutblätter *(Kalanchoë*-Arten; früher *Bryophyllum)* bilden je nach Pflanzenart entweder entlang der Blattränder oder büschelweise an den Blattspitzen eine Vielzahl kleiner Brutknospen, die sich zu selbständigen bewurzelten Pflänzchen entwickeln und nach Ausreifung abfallen.

Brutzwiebeln und Brutknollen

Knollenpflanzen bilden in der Regel mehrere Knollen aus, die nach der Ruhezeit geteilt und einzeln eingepflanzt werden können. Zwiebelpflanzen bilden oft kleine Brutzwiebeln am Boden der Mutterzwiebel, die man abnehmen und zu neuen Pflanzen heranziehen kann.

Teilung

Viele Zimmerpflanzen lassen sich einfach vermehren, indem sie ausgetopft und dann vorsichtig geteilt werden. Bei

Durch Teilung lassen sich viele Topfpflanzen vermehren. Verfilzte Wurzelballen werden mit einem scharfen Messer getrennt.

einigen Pflanzenarten muß man die Wurzelballen allerdings mit einem scharfen Messer in mehrere Teile trennen, da die Wurzeln dicht verfilzt zusammenhängen und sich deshalb nur sehr schwer auseinanderziehen lassen. Für die Weiterkultur sollte man, sofern es möglich ist, nur kräftige und gut bewurzelte Pflanzenteile mit möglichst unverletzten Wurzeln auswählen. Es gibt einige Zimmerpflanzen, die sich gut teilen lassen! Dazu gehören beispielsweise Zypergras *(Cyperus)* und Simse *(Scirpus)*. Aber auch Zierspargel *(Asparagus)* und Einblatt *(Spathiphyllum)* können durch Teilung ihrer Wurzelstöcke einfach und unkompliziert vermehrt werden.

Stecklinge

Die wichtigste vegetative Vermehrungsart ist die Stecklingsvermehrung. Stecklinge kann man von verschiedenen Pflanzenteilen erhalten. Danach werden sie auch benannt. Kopfstecklinge gewinnt man zum Beispiel von Triebspitzen, Stammstecklinge dagegen durch das Antreiben von Stammstücken. Bei Blattstecklingen werden einzelne Blätter zur Bewurzelung in das Vermehrungssubstrat gesteckt. Bei einigen Pflanzenarten, wie z. B. dem Gummibaum *(Ficus)*, können ausschließlich Blattstecklinge mit einer Triebknospe vermehrt werden.

Kopfstecklinge schneidet man mit drei bis vier Blättern oder Blattpaaren in der Regel dicht unter einem Blattknoten. Vor dem Stecken entfernt man die unteren Blätter mit Blattstiel. Bei der Wachsblume *(Hoya)*, dem Wein *(Cissus)* und dem Baumfreund *(Philodendron)* beispielsweise werden die Stecklinge jedoch nur wenige Zentimeter unter dem Blattknoten geschnitten und das Stielende gesteckt. Grundsätzlich sollte der Stecklingsschnitt nicht gequetscht, sondern glatt und deshalb unbedingt mit einem scharfen Messer erfolgen.

Blattstecklinge vom Usambaraveilchen (*Saintpaulia*). Die sich aus einem Blatt entwickelnden Rosetten müssen später vereinzelt werden.

TIP
Ich benutze für den Stecklingsschnitt niemals eine Schere, da die Schnittstelle sonst gequetscht wird und leicht zu faulen beginnt.

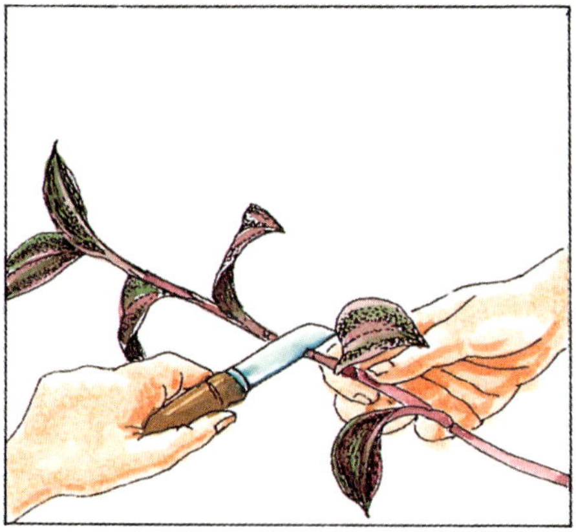

Kopfsteckling (Triebspitze) und Teilsteckling (unteres Stengelstück) der Dreimasterblume (*Tradescantia*)

Als Vermehrungssubstrat eignet sich Aussaaterde, jedoch bewurzeln viele weniger empfindliche Stecklinge auch in Sand oder Blumenerde. Bis zur Bewurzelung müssen die Stecklinge vor Verdunstung geschützt werden. Dies geschieht durch Einkürzen der Blattfläche, Zusammenrollen großer Blätter oder am besten durch Überstülpen einer Plastikhaube. Marmeladen- oder Gurkengläser sind wegen

Ich mache oft Stecklinge, um meine Pflanzen zu verjüngen.

der Kondenswasserbildung weniger als Verdunstungsschutz geeignet. Die Stecklinge sollten hell, aber vor direkter Sonne geschützt stehen. Nach erfolgter Bewurzelung muß man die empfindlichen Jungpflanzen durch gelegentliches, vorsichtiges Lüften langsam abhärten.
Bei der Stecklingsvermehrung von Kakteen und anderen fleischigen Pflanzen ist darauf zu achten, daß die Schnittflächen einige Tage vor dem

Eine Plastikhaube schützt Stecklinge vor dem Austrocknen.

Hier ist ein praktischer Verdunstungsschutz gezeigt: Eingerolltes Blatt beim Blattsteckling vom Gummibaum (*Ficus*)

Stecken ausreichend abtrocknen können. Diese Stecklinge haben aufgrund ihrer Herkunft die Fähigkeit, bei trockener Luft in sandigem, durchlässigem Substrat Wurzeln zu bilden. Hier ist kein Verdunstungsschutz notwendig.

Bester Zeitpunkt für die Stecklingsvermehrung ist das Frühjahr, jedoch ist eine Vermehrung fast ganzjährig möglich. Dabei sollten aber in jedem Fall die Ruhezeiten beachtet werden. Mit beginnendem Wachstum müssen dann auch viele Stecklingspflanzen des öfteren gestutzt werden, damit sich die Triebe schön verzweigen und die Pflanzen einen gleichmäßigen Wuchs erhalten.

Blattsprosse

Bei einigen Pflanzenarten, wie z. B. Blattbegonie und Drehfrucht *(Streptocarpus)*, können Blattnerven oder Mittelrippen angeschnitten und die Blätter auf feuchtes Substrat gelegt werden. An den Schnittstellen entwickeln sich nach einiger Zeit junge Pflänzchen, sogenannte Blattsprosse.

Bei der Drehfrucht (*Streptocarpus*) (1) wird ein Blatt entlang der Mittelrippe durchgetrennt (2) und mit der Schnittfläche in feuchtes Substrat gesteckt. An dem Mittelnerv entwickeln sich nach einiger Zeit junge Blattsprosse (3).

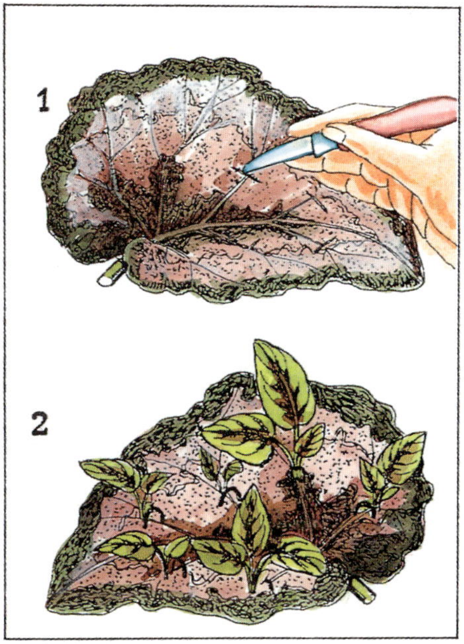

Blattsprosse bei Blattbegonien. Blattrippen werden unterhalb ihrer Verzweigung durchgeschnitten (1) und mit Haken auf das Vermehrungssubstrat gedrückt. Bei ausreichender Luftfeuchte bilden sich an den Schnittstellen neue Pflänzchen (2).

Absenker

Ampel- und Kletterpflanzen lassen sich besonders gut durch Absenker vermehren. Dazu wird ein Trieb mit mindestens einem Blattknoten auf ein zweites mit Erde gefülltes Gefäß abgesenkt, mit Erde bedeckt und festgehakt. Wenn sich aus dem Blattknoten Wurzeln entwickelt haben, kann der Absenker von der Mutterpflanze abgetrennt werden. Besonders beim Efeu gelingt mir diese Vermehrungsmethode in der Regel gut.

Efeu (*Hedera*) und andere Kletterpflanzen lassen sich einfach durch Absenken vermehren.

Abmoosen

Pflanzen, die zu groß geworden oder unten verkahlt sind, sowie Gewächse mit verholzten Trieben, die sich nicht zur Stecklingsvermehrung eignen, können abgemoost werden. Gut abmoosen lassen sich z. B. Gummibaum *(Ficus)*, Baumfreund *(Philodendron)*, Drachenbaum *(Dracaena)* und Dieffenbachie.

je nach Pflanzenart mehrere Wochen dauert, wird der Kopftrieb als Jungpflanze eingetopft.

Links:
Abmoosen: Stamm bis zur Mitte unterhalb eines Knotens schräg einschneiden (1) und Schnittfläche durch Streichholz, Alufolie o. ä. offen halten. Plastikfolie um den Stamm legen, unten zusammenbinden und mit feuchtem Torfmoos (*Sphagnum*) füllen (2). Folie oben zubinden und umwickeln (3), damit das Torfmoos nicht austrocknen kann. Nach der Bewurzelung Stamm unterhalb des neuen Wurzelballens durchschneiden (4) und Pflanze eintopfen

Bei dieser Vermehrungsmethode wird der Stamm unter einem Knoten eingeschnitten, die Wunde am Zusammenwachsen gehindert und die Schnittstelle durch Umschließen mit feuchtem Torfmoos zur Wurzelbildung angeregt. Nach erfolgter Bewurzelung, die

Rechts:
Gummibaum

Kranke Pflanze – was nun?

Die Stärkung der natürlichen Widerstandskraft der Pflanze durch optimale Pflege ist der beste Schutz vor Krankheits- und Schädlingsbefall. Dennoch können an Topfpflanzen Krankheiten und Schädlinge auftreten, da die Pflanzen unter Zimmerbedingungen viel anfälliger für Schaderregerbefall sind als an ihrem natürlichen Standort in der freien Natur. Schädlings- und Krankheitserreger werden allein schon vom Wind ins Zimmer gebracht und befallen leicht die weniger widerstandsfähigen Gewächse.
Wenn eine Pflanze krank ist, gilt es, möglichst schnell das Richtige zu tun. Für die Wahl der Bekämpfungsmethode ist es wichtig, den Schaden richtig zu erkennen.
Wie man eine Antwort auf die Frage „Was fehlt denn meiner Zimmerpflanze?" bekommt und was gegen die Schadursachen getan werden kann, habe ich auf den folgenden Seiten in meinen Diagnosetafeln zusammengestellt.

Die richtige Diagnose stellen

Je früher man erkennt, daß mit einer Pflanze etwas nicht in Ordnung ist, desto größer sind die Chancen der Heilung. Deshalb ist das aufmerksame Beobachten bei der täglichen Pflege besonders wichtig. Mit Hilfe meiner Diagnosetabellen ist es möglich, die häufigsten und bekanntesten Schadbilder, Schädlinge und Krankheiten selbst zu bestimmen.

Doch nun zum Benutzen der Diagnosetabellen:
Der nachfolgende Diagnoseschlüssel hilft schnell die richtige Buchseite der Diagnosetabelle und damit das gesuchte Schadbild zu finden. Dabei ist folgendermaßen vorzugehen: Zuerst schaut man sich das betroffene Pflanzenteil bzw. die Pflanze oder Erde genau an. Unter Umständen ist sogar eine Lupe erforderlich, um das Schadbild oder den Schädling genau erkennen zu können. Danach wählen Sie zwischen:

Regelmäßiges Untersuchen verhindert böse Überraschungen.

b. Belag (Seite 67)
c. Blütenfall, Knospenfall, Wuchsstörungen (Seite 67)

3. *Stengel und Wurzeln betroffen*
a. Verfärbungen, Flecken (Seite 67)
b. Stengelbelag (Seite 68)
c. Gespinste (Seite 68)
d. Wucherungen (Seite 68)

4. *Ganze Pflanze betroffen*
a. Absterben (Seite 69)
b. Welke (Seite 69)

5. *Topferde oder Fensterbank zeigen Veränderungen*
a. Tierische Lebewesen sichtbar (Seite 69)
b. Belag (Seite 70)

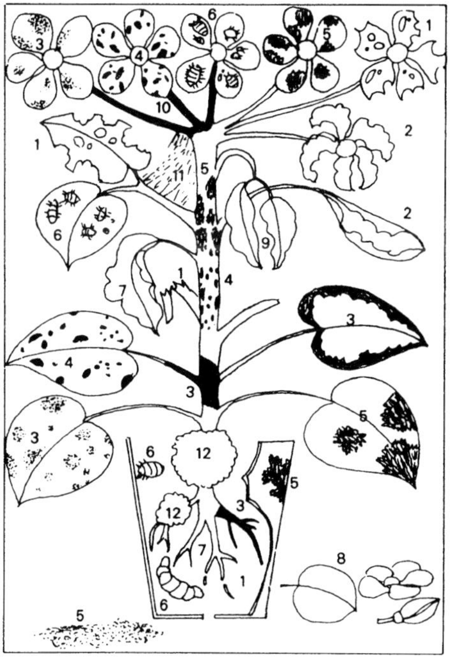

Schematische Darstellung möglicher Schadsymptome an einer Zimmerpflanze. Das genaue Beobachten ist wichtig zur Bestimmung der Schadursache.

1 Verletzungen an Blättern, Blüten, Stengeln bzw. Wurzeln
2 Kräuselungen oder Mißwuchs an Blättern bzw. Blüten
3 Verfärbungen an Blättern, Blüten, Stengeln bzw. Wurzeln
4 Flecken an Blättern, Blüten, Stengeln bzw. Wurzeln
5 Belag auf Blättern, Blüten, Stengeln, Erde, Blumentopf bzw. Fensterbank
6 Tierische Lebewesen an Blättern, Stengeln, Blüten, auf und in der Erde bzw. an den Wurzeln
7 Absterbeerscheinungen an Blättern, Stengeln bzw. Wurzeln
8 Abfallen von Blättern, Blüten bzw. Knospen
9 Welke von Blättern bzw. Trieben
10 Fäule an Stengeln, Blättern, Blüten bzw. Wurzeln
11 Gespinste an Blättern bzw. Stengeln
12 Wucherungen an Wurzelhals, Wurzeln bzw. Stengeln

Diagnosetabellen

Symptome	Mögliche Ursachen	Bekämpfung	Infos s. Seite
Blätter betroffen			
Verletzungen Buchtenartiger Blattrandfraß	Dickmaulrüßler	Absammeln, parasitäre Nematoden (s. S. 102 ff.) *Metarhizium anisopliae*-Präparate (s. S. 110)	81
Unregelmäßige Löcher, Schleimspuren	Schnecken	Absammeln	84
Unregelmäßige Löcher, schwarze Kotkrümel	Raupen	Absammeln, *Bacillus thuringiensis*-Präparate (siehe S. 108 ff.)	84
Faserige Ränder der Fraßstellen	Ohrwürmer	Absammeln, Köder	85 f.
Schrotschußartige Löcher, Verkrüppelungen	Blattwanzen	Frühzeitig Wanzen auf beleimte Pappen abschütteln, Pyrethrum-Präparate	82 ff.
Kräuselungen, Mißwuchs Blätter gekräuselt, klebrig, leere, weiße Hüllen	Blattläuse	Nützlinge (siehe S. 100 ff.), Fettsäure-, Pyrethrum-Präparate, Gelbtafeln, Schmierseifen	75 f.
Blätter gekräuselt, mißgeformt	Weichhautmilben	Befallene Pflanzen vernichten	75
Verfärbungen, Flecken Blattränder u./o. Blattspitzen braun	zu trockene Luft, Ballentrockenheit, zu kalkhaltiges Gießwasser	Luftfeuchte erhöhen, bedarfsgerecht gießen, Wasser entkalken	30 ff., 32 ff.
Blattränder u. Blattspitzen braun, später eingerollt, Pflanze welk	Kaliummangel	umtopfen, organisch düngen	39 ff.
Mosaikartige Vergilbungen	Virose	Befallene Pflanzen vernichten	91 f.

Symptome	Mögliche Ursachen	Bekämpfung	Infos s. Seite
Punktartige, silbrige Flecken, winzige braune Kotflecken	Thripse	Blautafeln, Pyrethrum-Präparate, Luftfeuchte erhöhen, bei Anfangsbefall Florfliegen (siehe S. 100 ff.)	79
Gelbe Flecken, oft feine Spinnfäden	Spinnmilben	Raubmilben (siehe S. 97), Fettsäure-Präparate, Luftfeuchte erhöhen	74 f.
Vergilbungen einzelner Blätter	physiologisch	Spezielle Pflegeansprüche beachten	92
Junge Blätter gelb, Blattadern grün	Eisenmangel	Umtopfen, organisch düngen, Eisen-Blattdünger spritzen	41 f.
Ältere Blätter gelb, Blattadern grün	Magnesiummangel	Umtopfen, organisch düngen	40 ff.
Blätter gelbgrün, Kümmerwuchs der Pflanze	Stickstoffmangel	Umtopfen, organisch düngen	39 ff.
Gelbe bis weiße, scharf abgegrenzte, unregelmäßige Blattzeichnung	zu kaltes Wasser	Temperiertes Wasser bei empfindlichen Pflanzen	32 ff.
Blätter erst dunkelgrün, dann blaurot-violett	Phosphormangel	Umtopfen, organisch düngen	40 ff.

Verbräunte Blattspitzen durch zu niedrige Luftfeuchte

Diagnosetabellen (Fortsetzung)

Symptome	Mögliche Ursachen	Bekämpfung	Infos s. Seite
Gelblich bis weiße minenartige Gänge unter der Blattoberfläche	Minierfliegen	Gelbsticker, Larven in den Minen zerdrücken oder Entfernen befallener Pflanzenteile	80
Rauhe, schuppig rissige Flecken	Korkflecken	Mäßig gießen, heller, luftiger Stand	92 f.
Eingesunkene, helle Flecken	Sonnenbrand	Standortwechsel oder schattieren	93
Braune, von Adern begrenzte Flecken	Blattälchen	Befallene Pflanzen vernichten	81 f.
Unterschiedlich große u. gefärbte Flecken	Blattfleckenpilze	Befallene Pflanzenteile vernichten, optimale Pflege	89
Ölig durchscheinende Flecken	Bakteriose	Befallene Pflanzen vernichten	91

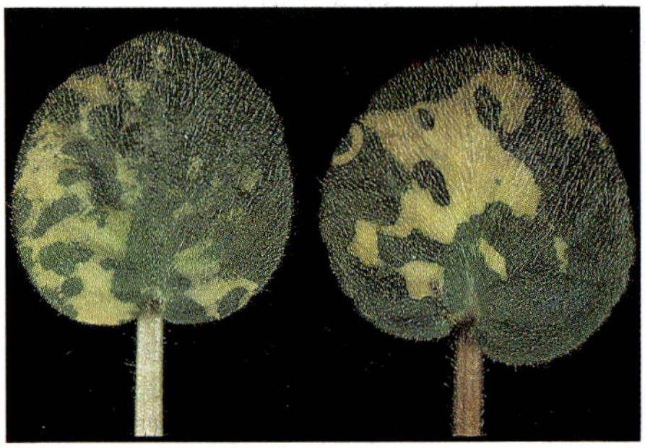

Blattschaden am Usambaraveilchen durch zu kaltes Wasser (links) und zu hohe Sonneneinstrahlung (Sonnenbrand, rechts)

Symptome	Mögliche Ursachen	Bekämpfung	Infos s. Seite
Belag			
Weiß, puderartig	Echter und Falscher Mehltau	Lecithin-Präparate, Pflanzenstärkungsmittel	88
Rostig braun, stäubend	Rostpilze	Befallene Blätter absammeln, Pflanzenstärkungsmittel	90
Grau, stäubend	Grauschimmel	Befallene Blätter entfernen, luftiger Stand	89

Symptome	Mögliche Ursachen	Bekämpfung	Infos s. Seite
Schwarz, klebrig	Rußtau	Pflanzen abwaschen, saugende Insekten (Blattläuse, Schildläuse, Weiße Fliegen o. a.) bekämpfen	91
Klar, klebrig	Honigtau	siehe Rußtau	91
Weiß, watteartig	Wolläuse	Pflanzen abwaschen, Weißöle, Marienkäfer, (siehe S. 105 ff.)	78 f.
Weiße, gelbliche oder braune Schildchen	Schildläuse	Pflanzen abwaschen, Weißöle, Blattglanzsprays, Schlupfwespen (s. S. 108)	77 f.
Tierische Lebewesen sichtbar			
1–3 mm große, runde bis spindelförmige, meist grüne Insekten	Blattläuse	Nützlinge (siehe S. 100 ff.), Fettsäure-, Pyrethrum-Präparate, Gelbtafeln, Schmierseifen	75 f.
1–2 mm große, längliche, gelbliche oder schwarz-braune Insekten, oft quergestreift	Thripse	Blautafeln, Pyrethrum-Präparate, Luftfeuchte erhöhen, bei Anfangsbefall Florfliegen (siehe S. 100 ff.)	79

Fleißige Lieschen sind recht pflegeleichte Pflanzen.

Symptome	Mögliche Ursachen	Bekämpfung	Infos s. Seite
0,5 mm große, gelbliche bis hellbraune oder rötliche, runde Tiere	Spinnmilben	Raubmilben (siehe S. 97 f.), Fettsäure-Präparate, Luftfeuchte erhöhen	74 f.

Diagnosetabellen (Fortsetzung)

Symptome	Mögliche Ursachen	Bekämpfung	Infos s. Seite
2 mm große, weiße Tiere, die leicht auffliegen	Weiße Fliege	Schlupfwespen (siehe S. 98 ff.), Fettsäure-, Pyrethrum-Präparate, Gelbtafeln, Abbrausen mit warmem Wasser	76 f.
1 cm lange, grauschwarze Käfer, dämmerungsaktiv	Dickmaulrüßler	Absammeln, parasitäre Nematoden (siehe S. 102 ff.), *Metarhizium anisopliae*-Präparate (siehe S. 110)	81
Weiße, watteartige Tiere	Wolläuse	Pflanzen abwaschen, Weißöle, Marienkäfer (siehe S. 105 f.)	78 f.
1–2 cm lange, braune Tiere mit Zangen am Hinterleib	Ohrwürmer	Absammeln, Köder	85 f.
Behaarte oder nackte längliche Tiere mit Kopfkapsel, Brust- und Hinterleibsbeinen	Raupen	Absammeln, *Bacillus thuringiensis*-Präparate (siehe S. 108 ff.)	84
Blattfall			
Plötzlicher Blattfall	Übermäßiges Gießen nach Ballentrockenheit, Wurzelballenschädigung o. Verkleinerung beim Topfen, Standortwechsel, Staunässe, Lichtmangel, hohe Temperaturen, starke Temperaturschwankungen, starke Luftfeuchteschwankungen, Wurzelverbrennungen durch Überdüngung, kaltes Gießwasser	Spezielle Pflegeansprüche beachten	22 ff., 29 f., 30 ff., 32 ff., 39 ff., 43 ff.

Symptome	Mögliche Ursachen	Bekämpfung	Infos s. Seite
Vergilben mit anschließendem Blattfall	Unregelmäßiges Gießen, Staunässe, Ballentrockenheit, Lichtmangel, zu hohe oder zu kühle Temperaturen, Zugluft, Standortwechsel, zu kalte Erde	Spezielle Pflegeansprüche beachten	22 ff., 29 f., 32 ff.
Blüten betroffen			
Kräuselungen, Mißwuchs Blütenblätter gekräuselt u./o. gestreift o. deformiert u. fleckig	Weichhautmilben	Befallene Pflanzen vernichten	75
Blütenblätter gekräuselt, klebrig, leere weiße Hüllen	Blattläuse	Nützlinge (siehe S. 100 ff.), Fettsäure-, Pyrethrum-Präparate, Gelbtafeln, Schmierseifen	75 f.
Blütenblätter verkrüppelt, durchlöchert	Blattwanzen	Frühzeitig Wanzen auf beleimte Pappen abschütteln, Pyrethrum-Präparate	82 ff.
Belag Weiß, puderartig	Echter und Falscher Mehltau	Lecithin-Präparate, Pflanzenstärkungsmittel	88
Blütenfall, Knospenfall, Wuchsstörungen Vertrocknen, Steckenbleiben oder Abfallen von Knospen und Blüten	Nichtparasitäre Ursachen wie bei Blattfall	Spezielle Pflegeansprüche beachten	18 ff.
Stengel und Wurzeln betroffen			
Verfärbungen, Flecken Dunkle Verfärbung von Stengelteilen oder Stengelinneres braun verfärbt, Welke	Bakterielle oder pilzliche Stengelfäule	Befallene Pflanzen vernichten	87 f., 91 (Welkekrankheiten)
Wurzeln braun, Erde naß, schlecht riechend,	Staunässe	Umtopfen, Erde trockener halten, Vitalisierung mit Algenextrakten	32

Diagnosetabellen (Fortsetzung)

Symptome	Mögliche Ursachen	Bekämpfung	Infos s. Seite
Wurzeln braun u. faul, äußere Hülle abziehbar, Erde normal feucht	Pilzliche Wurzelfäule	Befallene Pflanzen vernichten	87 f., 89
Stengelbelag weiß, watteartig	Wolläuse	Pflanzen abwaschen, Weißöle, Marienkäfer (siehe S. 105 f.)	78 f.
Weiße, gelbliche o. braune Schildchen	Schildläuse	Pflanzen abwaschen, Weißöle, Blattglanzsprays, Schlupfwespen (siehe S. 108)	77 f.
Gespinste Feine Spinnfäden zwischen Stengeln und Trieben	Spinnmilben	Raubmilben (siehe S. 97 f.), Fettsäure-Präparate, Luftfeuchte erhöhen	74 f.
Wucherungen Blumenkohlartige Verdickungen am Stengelgrund oder Wucherungen an Wurzelhals, Wurzel oder Stengelgrund	Bakteriosen	Befallene Pflanzen vernichten	91
Zitronenförmige oder kugelige, stecknadelgroße Knötchen an Wurzeln	Wurzelnematoden	Kranke Pflanzen mit Topferde vernichten	81 f.

Die Wurzeln sind verbräunt und abgestorben. Die Palme stand zu lange im Fußbad.

Symptome	Mögliche Ursachen	Bekämpfung	Infos s. Seite
Ganze Pflanze betroffen			
Absterben			
Plötzliches Absterben, in Topferde dicke, weißliche Larven	Dickmaulrüßler	Absammeln, parasitäre Nematoden (siehe S. 102 ff.), *Metarhizium anisopliae*-Präparate (siehe S. 110)	81
Welke			
Welke, Absterben, Wurzeln braun, Erde naß, schlecht riechend	Staunässe	Umtopfen, Erde trockener halten, Vitalisierung mit Algenextrakten	32
Welke, Vertrocknen, Ballentrockenheit	Wassermangel	Wurzelballen tauchen, bis keine Luftblasen mehr aufsteigen	32 ff.
Welke, Gelbwerden, Absterben, Erde normal	parasitäre Wurzel- oder Stengelfäule	Befallene Pflanzen vernichten	75, 79, 81 f.
Welke, tierische Lebewesen in der Erde	(siehe unten: Topferde, tierische Lebewesen)		

Topferde und Fensterbank zeigen Veränderungen

Tierische Lebewesen sichtbar

Symptome	Mögliche Ursachen	Bekämpfung	Infos s. Seite
Glasigweiße Larven mit dunklem Kopf	Trauermückenlarven	Erde trockener halten, parasitäre Nematoden (siehe S. 106 ff.)	80 f.
Weißliche, gekrümmte Larven mit hellbraunem Kopf	Dickmaulrüßlerlarven	Absammeln, parasitäre Nematoden (siehe S. 102 ff.), *Metarhizium anisopliae*-Präparate (siehe S. 110)	81
Weiße Tiere mit watteartigem Belag	Wurzelläuse	Umtopfen, Pyrethrum-Präparate	79
0,7 mm lange, birnenförmige, glänzend weiße Tiere	Wurzelmilben	Befallene Pflanzen vernichten. Gesundes Pflanzgut, feuchte Erde vermeiden	75
Längliche, weißliche Tiere, springen beim Gießen	Springschwänze	Erdballen unter Wasser tauchen und Tiere abgießen	84 f.

Diagnosetabellen (Fortsetzung)

Symptome	Mögliche Ursachen	Bekämpfung	Infos s. Seite
3–4 mm lange, schwarze, fliegende Insekten	Trauermücken	Gelbtafeln, gegen die Larven parasitäre Nematoden (siehe S. 106 f.), Erde trockener halten	80 f.
Belag			
Weißer Belag, bei Tontöpfen auch am Topfrand	Kalkausblühungen, Salzablagerungen	Umtopfen, Gießwasser entkalken, organisch düngen	37 ff.
Klebriger Belag auf Fensterbank	Honigtau	Pflanzen abwaschen, saugende Insekten (Blattläuse, Schildläuse, Weiße Fliegen o. a.) bekämpfen	91
Schwarz krümeliger Belag	Raupenkot	Raupen absammeln, *Bacillus thuringiensis*-Präparate (siehe S. 108 ff.)	84

Rat vom Pflanzenarzt – Einsendung von Pflanzenproben

Nicht immer wird es dem Zimmergärtner gelingen, Pflanzenkrankheiten oder Schädlinge selbst zu bestimmen. Häufig sind die Schadsymptome weniger eindeutig, oder die Literaturangaben reichen für eine eigene Diagnose nicht aus. In solchen Fällen besteht die Möglichkeit, sich mit dem Pflanzenschutzproblem an Experten zu wenden. Die Mitarbeiter der amtlichen Pflanzenschutzdienststellen (Adressen siehe Anhang Seite 177) geben gern Auskunft. Mitunter wird sogar von Firmen, die Topfpflanzenpflegeprodukte

Wenn ich mir unsicher bin, schicke ich meine Sorgenkinder zum Pflanzendoktor.

vertreiben, ein kostenloser Diagnose-Service angeboten. Am sinnvollsten ist es, eine Pflanzenprobe mit einem kurzen Begleitschreiben zur Untersuchung einzusenden. Dabei ist folgendes zu beachten:

Probengröße
Es sollten möglichst immer mehrere Blätter oder Pflanzenteile mit charakteristischen Schadsymptomen zur Untersuchung eingeschickt werden.

Informationen zur Pflanze
Folgende Hinweise erleichtern die Beurteilung von Schäden und die Bekämpfungsempfehlungen:
• Um welche Pflanzenart handelt es sich?
• Wie groß ist die Pflanze?
• Wo steht die Pflanze (Licht, Temperatur, Luftfeuchtigkeit etc.)?
• Steht die Pflanze einzeln oder nicht?
• Wann und wo traten erste Symptome auf (Beschreibung der Schäden)?
• Wie wurde die Pflanze gepflegt (Gießen, Düngung, Hydrokultur, Freilandaufenthalt, Standortwechsel etc.)?
• Wurde die Pflanze mit Pflanzenschutzmitteln behandelt (Zeitpunkt, Präparat, Konzentration)?

Verpackung
An vertrockneten oder verfaulten Pflanzenteilen ist keine Diagnose mehr möglich. Deshalb ist eine gute Verpackung der Probe besonders wichtig. Die Pflanzenteile werden in Zeitungs- oder Küchenpapier eingeschlagen und in eine Plastiktüte verpackt. Der Versand sollte in einem wattierten Brief oder besser in einem kleinen Päckchen erfolgen. Für den Versand tierischer Schädlinge eignen sich Streichholzschachteln oder Kleinbildfilmdosen. Bodenschädlinge werden mit unangefeuchteter Erde verschickt. Die Behälter sind dicht mit Substrat zu füllen, damit die Tiere beim Transport nicht von Bodenteilchen zerschlagen werden.

TIP
Pflanzenteile versende ich immer in kleinen Päckchen, damit sie nicht zerdrückt werden.

Versand
Die Pflanzenprobe sollte erst direkt vor dem Versand frisch entnommen werden. Beim Verschicken ist daran zu denken, daß die Probe nicht übers Wochenende unterwegs ist oder am Samstag bei einer Untersuchungsstelle ankommt. An heißen Sommertagen kann eine Eilsendung ratsam sein.

Das Zimmerpflanzen-doktor-ABC

Um vor bösen Überraschungen geschützt zu sein, untersuche ich meine Topfpflanzen regelmäßig auf das Vorhandensein von Schädlingen oder deren Eier bzw. Larven, da sich die meisten Tiere in warmen Wohnräumen recht schnell vermehren können. Nachfolgend habe ich die Hauptschädlinge sowie die häufigsten Krankheiten an Zimmerpflanzen beschrieben.

Ich weiß immer genau, wie es meinen Lieblingen geht.

> Bei käuflichen Pflanzenschutzmitteln und beim Einsatz von Nützlingen müssen unbedingt die Gebrauchsanweisungen genau befolgt werden!

Tierische Schädlinge

Spinnmilben sind mit den Spinnen verwandte, sehr kleine Schädlinge, die wegen ihrer Größe leicht übersehen werden. An Zimmerpflanzen schädigt vor allem die etwa 0,5 mm große Gemeine Spinnmilbe (Rote Spinne), die gelblich, hellbraun oder im Winter rötlich gefärbt ist. Sie verursacht blattoberseits kleine, gelblichweiße, anfangs punktartige Sprenkel, die sich schnell zu größeren Flecken zusammenschließen. Auf den Blattunterseiten und in Blattachseln werden typische feine Spinnfäden gebildet. Befallene Blätter vergilben und sterben ab. Spinnmilben treten besonders bei Wärme und trockener Luft auf. Bekämpfungsmaßnahmen sind häufiges Abbrausen der befallenen Pflanzen mit warmem Wasser, Anwendung von Fettsäure-Präparaten (siehe auch

Die Gespinste der Spinnmilbe sind typische Anzeichen für einen starken Befall.

S. 114) oder der Einsatz von Raubmilben (siehe auch S. 97 f.). Ratsam ist das Entfernen stark befallener Pflanzenteile. Höhere Luftfeuchte beugt einem Befall vor. Keine triebige Stickstoffdüngung.

Weichhautmilben (Cyclamenmilben) sind 0,2 mm große, farblose, weißliche oder schwach gelblich-braune Milben, die an zahlreichen Zimmerpflanzen erhebliche Schäden verursachen. Sie leben innerhalb von Knospen und zwischen den Blatthaaren jüngster Blätter versteckt und sind selbst mit einer Lupe nur schwer zu erkennen. Sie werden durch hohe Luftfeuchtigkeit und Wärme gefördert. Typische Schäden sind z. B. Blütenmißbildungen wie Kräuselungen oder Streifen auf den Blüten, verkrüppelte Blütenknospen, Blattkräuselungen und Korkbildung. Befallen werden z. B. Alpenveilchen, Efeu, Geranien und Orchideen. Befallene Pflanzen sollten sofort vernichtet werden. Pflanzen generell nicht zu feucht und nicht zu warm halten sowie nicht zu dicht stellen.

Wurzelmilben sind ca. 0,7 mm lange, birnenförmige, glänzendweiße Milben, die hauptsächlich an Knollen- und Zwiebelgewächsen vorkommen. Von den Zimmerpflanzen werden besonders Amaryllis und Orchideen befallen. Obwohl die Schädlinge krankes, faulendes Gewebe bevorzugen, können sie auch gesundes befallen. In den Pflanzenorganen entstehen unregelmäßige, mit braunem Fraßmehl

Vor dem Pflanzen sollten die Zwiebeln auf eventuellen Befall untersucht werden.

gefüllte Gänge, die oft von Pilzen und Bakterien besiedelt werden. Dadurch kommt es anschließend zur Fäulnis. Vor dem Pflanzen sollten Zwiebeln, Knollen usw. auf Milbenbefall untersucht (Fraßmehl!) und gegebenenfalls vernichtet werden. Vorbeugend sind zu feuchte Topferden zu vermeiden, da diese einen Wurzelmilbenbefall fördern.

Blattläuse sind 1–3 mm große, saugende, geflügelte oder ungeflügelte Insekten mit rundlichem bis spindelförmigem Körper. Es gibt sehr viele Blattlausarten von unterschiedlicher, an Zimmerpflanzen meist grüner Farbe. Die Tiere sitzen oft in Kolonien blattunterseits an jungen Blättern oder an Triebspitzen. Befallene Pflanzenteile sind verkrüppelt und klebrig vom zuckerhaltigen Kot, dem Honigtau. Leere, weiße Insektenhüllen und Rußtaubildung sind weitere Zeichen für Blattlausbefall. Unausgewogene

Blattläuse

Rechts:
So sehen die ungeflügelten Exemplare aus.

Ernährung (z. B. zu reichliche Stickstoffgaben) und warme, trockene Luft begünstigen den Befall. Bekämpfungsmöglichkeiten sind häufiges Abbrausen der Pflanzen mit warmem Wasser, Anwendung von Schmierseifenlösungen, Fettsäure- sowie Pyrethrum-Präparaten, Abfangen geflügelter Läuse mit Gelbtafeln oder der Einsatz von Nützlingen (Florfliegen; Räuberische Gallmücken nur im Wintergarten).

Weiße Fliegen (Mottenschildläuse) sind 2 mm lange, weiße, fein mehlig bestäubte Insekten, die beim Berühren stark befallener Pflanzen wie weiße Wolken auffliegen. Die ungeflügelten, gelbgrünen bis weißen Larven sitzen mit Ausnahme ganz junger Tiere unbeweglich auf den Blattunterseiten. Erwachsene Fliegen und Larven schädigen durch ihre Saugtätigkeit und durch Absondern von klebrigem Kot, auf dem sich schnell Rußtaupilze ansiedeln. Auf den Blättern entstehen gelbliche Flecken. Befallene Pflanzen welken und vertrocknen. Besonders gern werden Fuchsien, Hibiskus und Weihnachtssterne befallen. Bekämpfungsmaßnahmen sind häufiges Abbrausen der Pflanzen mit warmem Wasser, Abfangen der Fliegen mit beleimten Gelbtafeln, Anwendung von Fettsäure- bzw. Pyrethrum-Präparaten oder der Einsatz von Schlupfwespen (siehe S. 98 ff.), der nur bei dichtstehenden Pflanzen erfolgversprechend ist.

Weiße Fliege und deren Larve (Mitte links)

Schildläuse sind weiße, gelbliche oder braune, runde oder ovale Insekten von meist 1 bis wenige mm Durchmesser, die mit Ausnahme der jungen Larven unbeweglich auf verschiedenen Pflanzenteilen sitzen. Befallene Pflanzen werden durch Saugen des Zellsaftes geschwächt und darüber hinaus mit dem klebrigen Kot dieser Schädlinge verschmutzt, auf dem sich gern Schwärzepilze ansiedeln. Schildläuse treten besonders bei warmer, trockener Luft auf. Man unterscheidet Napf- und Deckelschildläuse. Letztere bilden mit einer Nadel abhebbare Schilde, unter denen das unbewegliche Weibchen sitzt. Napfschildläuse haben lediglich eine verdickte, halbkugelige

Die Schlupfwespe ist der ärgste Feind der Weißen Fliege.

Schildläuse

Rückenhaut, die nicht ohne Zerstörung der Laus abzuheben ist. Eine Bekämpfung dieser hartnäckigen Schädlinge gelingt gut mit Weißölen (bei hartlaubigen Pflanzen). Blattglanzsprays eignen sich ebenfalls dazu. Schwach befallene und weichblättrige Pflanzen sollten häufig in kurzen Abständen mit Seifenlösung abgewaschen werden (Rezept siehe S. 111 f.). In Wintergärten hat sich der Einsatz von Schlupfwespen gegen verschiedene Schildlausarten bewährt (siehe S. 108).

<u>Wolläuse</u> (Schmierläuse) findet man als kleine, weiße, wattebauschähnliche Gebilde in den Blattachseln und auf der Blattunterseite zahlreicher Zimmerpflanzen. Besonders leicht werden z. B. Kakteen, Dickblattgewächse und Phoenixpalmen befallen. Die mit den Schildläusen eng verwandten Schädlinge besitzen keinen Rückenschild. Sie treten besonders bei Wärme und niedriger Luftfeuchte auf und verursachen durch ihre Saugtätigkeit Blattvergilbungen und Wachstumsstörungen. Darüber hinaus siedeln sich auf den klebrigen Ausscheidungen der Schädlinge Rußtaupilze an, wodurch die Pflanzen weniger Licht erhalten.

Schmier- oder Wolläuse

Bekämpfungsmaßnahmen sind häufiges Abwaschen schwach befallener und weichblättriger Pflanzen mit Seifenlösung, Anwendung von Weißölen (bei hartlaubigen Pflanzen) oder der

Einsatz von Marienkäfern (siehe Seite 105 f.).

Wurzelläuse sind weiße, mit watteähnlichen Wachsausscheidungen bedeckte Insekten, die sich in warmer, trockener und besonders torfreicher Erde an Wurzeln, Wurzelhals und Topfinnenrand ansiedeln. Durch ihre Saugtätigkeit bleiben Pflanzen im Wachstum zurück oder vergilben. Wurzelläuse befallen besonders gern Kakteen, Bromelien, Farne, Euphorbien und andere Dickblattgewächse. Durch Austopfen des Wurzelballens kann man die weißen Schädlinge leicht feststellen. Befallene Pflanzen sind nach sorgfältigem Entfernen der alten Erde in frisches Substrat umzutopfen und anschließend ggf. mehrfach mit Pyrethrum-Präparaten (siehe auch S. 114) anzugießen.

Wurzelläuse

Thripse (Mitte) und deren Larven (weißliche Tiere)

Thripse (Blasenfüße, Fransenflügler) sind 1–2 mm lange, gelbliche, ungeflügelte oder schwarzbraun gefärbte Insekten mit gefransten, oft quergestreiften Flügeln und sehr schlankem Körper. Sie kommen häufig an Zimmerpflanzen vor und verursachen durch ihre Saugtätigkeit zunächst kleine, silbrigweiße Blattsprenkel und später silbrig glänzende Blätter. Typisch sind punktförmige, schwarze Kothäufchen neben den Saugstellen. Bekämpfungsmaßnahmen sind häufiges Abbrausen der Pflanzen mit warmem Wasser, Abfangen geflügelter Tiere mit Blautafeln oder die Anwendung von Pyrethrum-Präparaten (siehe auch S. 114). Bei Anfangsbefall ist der Einsatz von Florfliegen möglich. Höhere Luftfeuchte beugt einem Befall vor.

Minierfliegen sind ca. 2 mm lange, gelb-schwarze Fliegen, deren Maden in minenartigen, weißlichen Fraßgängen dicht unter der Blattoberhaut leben. Beliebte Wirtspflanzen sind Margeriten, Topfchrysanthemen, Fuchsien und Geranien. Befallene Pflanzen sind nicht nur unansehnlich, sondern auch geschwächt. Eine Bekämpfung der im Blatt geschützten Maden ist schwierig. Bei schwachem Befall sind alle Blätter mit Minengängen sofort abzupflücken und zu vernichten oder die Maden in den Minen zu zerdrücken. Die erwachsenen Fliegen lassen sich mit beleimten Gelbtafeln abfangen.

Minierfliegen der Gattung *Liriomyza* legen ihre Eier in die Blätter. Die ausschlüpfenden Larven fressen dann durch ihren Fraß im Blattinneren die typischen schlangenförmigen Gangminen.

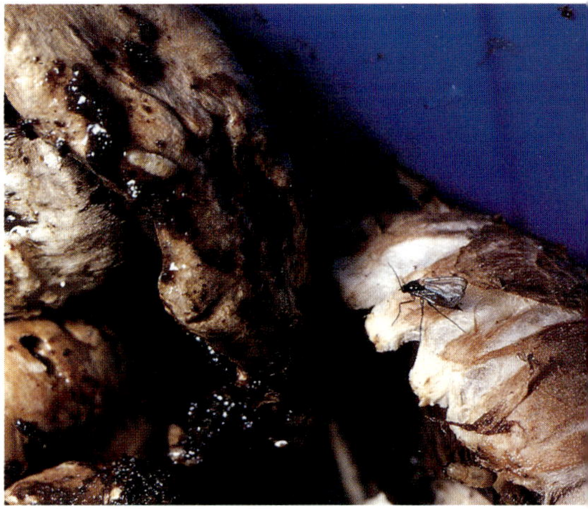

Erwachsene Trauermücke

Trauermücken (Moosfliegen, Humusfliegen) sind 3–4 mm lange, schwarze Insekten, die über der Topferde fliegen und oft tot auf der Fensterbank liegen. Ihre 6–7 mm langen, glasigweißen Larven mit schwarzer Kopfkapsel leben bevorzugt in feuchter, humusreicher Topferde. Sie sind nützliche Verzehrer abgestorbener Pflanzenteile. Nur gelegentlich werden feine Wurzelhaare und zarte Wurzeln befressen, wodurch ausgewachsene Zimmerpflanzen aber selten geschwächt werden. Die geflügelten Mücken lassen sich mit beleimten

Gelbtafeln abfangen. Gegen die Larven können parasitäre Nematoden *(Steinernema feltiae)* eingesetzt werden. Vorbeugend ist die Erde weniger feucht zu halten.

Dickmaulrüßler sind ca. 1 cm lange, grauschwarze, dämmerungsaktive und flugunfähige Käfer, die an den Blatträndern verschiedener Zimmer- und Freilandpflanzen einen typischen U-förmigen Blattrandfraß, den sogenannten Buchtenfraß, verursachen. Tagsüber halten sie sich am Boden verborgen.
Ihre weißlichen Larven mit brauner Kopfkapsel richten schwere Schäden durch Fraß an Pflanzenwurzeln an. Anfällige Topfpflanzen sind u. a. Alpenveilchen, Azalee, Efeu und Begonie. Auf Terrassen und im Garten sind besonders Rhododendron und Freilandazalee gefährdet. Befallene Zimmerpflanzen topft man am besten aus und sammelt die Larven und Käfer ab. Von Kübelpflanzen im Freien sind die Käfer bei Dämmerung abzusammeln. Dickmaulrüßlerlarven können biologisch mit insektenparasitären Nematoden *(Heterorhabditis)* oder durch ein Pilzpräparat (siehe S. 110) bekämpft werden.

Dickmaulrüßler

Die Larve und Puppe des Dickmaulrüßlers

Nematoden sind kleine, meist bis 1 mm lange, farblose, glasig durchscheinende Fadenwürmer, die in großer Artenvielfalt im Erdboden und im Wasser vorkommen. Sie sind für die Verrottung organischer Stoffe im Boden äußerst wichtig. Einige Arten (Blatt-, Stengel- und Wurzelgallenälchen) können Pflanzen befallen und stark schädigen, andere parasitieren

Insekten und sind dadurch sehr nützlich. Insektenparasitäre Nematoden werden gezielt zur biologischen Schädlingsbekämpfung eingesetzt (siehe Seite 102 ff., 106). Pflanzenschädliche Fadenwürmer kommen gelegentlich auch an Zimmerpflanzen vor. Alle Pflanzenteile können befallen werden. An Pflanzenwurzeln kommt es durch Älchen zur Bildung von kleinen Gallen oder Zysten, zur Wurzelfäule und Kümmerwuchs. Kranke Pflanzen sind mit der Topferde zu vernichten und nicht zu kompostieren. Typisch für Blattälchenbefall sind durch Blattadern scharf begrenzte, zunächst glasige, später braune Flecken. Blattnematoden können durch Entfernen der kranken Blätter meist ausreichend bekämpft werden. Sonst sollte die gesamte Pflanze mit der Topferde vernichtet werden. Befallsgefährdete Pflanzen, z. B. Farne, Primeln, Begonien und Topfchrysanthemen, sollte man nicht mit Wasser besprühen, um eine Infektion über den Wasserfilm zu vermeiden.

Gelegenheitsschädlinge

Blattwanzen sind 5–8 mm lange Insekten von flacher Gestalt, die grün, grau, bräunlich oder z. T. auch recht bunt gefärbt sind. Sie sind bei Wärme und Sonne sehr beweglich und laufen oder fliegen bei kleinsten Störungen davon. Blattwanzen sind hauptsächlich Freilandschädlinge. Einige Arten können jedoch gelegentlich erhebliche Schä-

Blattwanze mit Eiern

den an Zimmerpflanzen verursachen, vor allem, wenn die Pflanzen den Sommer über im Freien verbringen. Besonders gern werden z. B. Fuchsien und Hibiskus befallen. Die Wanzen schädigen durch ihre Saugtätigkeit und ihren giftigen Speichel, wobei besonders Knospen, junge Blätter und weiche Triebe angestochen werden. Der Schaden – verkrüppelte und durchlöcherte Blätter und Blütenstände – wird erst beim Austreiben der Knospen und Entfalten der Blätter sichtbar. Zu diesem Zeitpunkt sind die Schädlinge meist nicht mehr an den Pflanzen zu finden. Regelmäßiges Beobachten gefährdeter Pflanzen ist also ratsam. Bei Befall kann

Rosen werden gerne von Blattläusen befallen.

das Abschütteln oder Abklopfen der Wanzen von den Gewächsen auf mit Insektenleim bestrichene Pappen empfohlen werden (im Gartenfachhandel käuflich). Diese Methode ist frühmorgens oder bei kühler Witterung erfolgversprechend, da die Wanzen dann steif bzw. weniger beweglich an den Pflanzen sitzen. Bei starkem Befall hilft wiederholtes Spritzen mit Pyrethrum-Präparaten (siehe auch Seite 114).

Zikaden sind 3–4 mm lange, gelbliche, grüne oder braune Insekten, die sich wie Heuschrecken sprungartig fortbewegen können. Zimmerpflanzen auf Balkon oder Terrasse, insbesondere Fuchsien, können gelegentlich durch Besaugen von Blättern und Trieben geschädigt werden. Typisch sind kleine, gelbe oder weiße Flecken und bei Schaumzikaden schaumartige Flokken in den Blattachseln. Die Schäden sind unbedeutend. Nur bei starkem Zikadenauftreten sind die Blattunterseiten gründlich mit Fettsäure-Präparaten oder Pyrethrum-Präparaten (siehe auch Seite 114) zu spritzen.

Raupen sind die Larven der Schmetterlinge. Sie haben einen weichhäutigen, behaarten oder nackten Körper mit deutlich erkennbarem Kopf, drei Paar Brustbeinen und an einem Teil der Hinterleibsringe Bauchfüße. Die ersten beiden Hinterleibsringe sind ohne Gliedmaßen, wodurch sich die Raupen von sonst recht ähnlichen Blattwespenlarven (nur ein freier Hinterleibsring) unterscheiden. Anzeichen für Raupenbefall sind unregelmäßige Löcher im Blatt oder Fraßschäden am Blattrand sowie schwarze Kotkrümel. Schädliche Raupen können abgesammelt oder biologisch mit *Bacillus thuringiensis*-Präparaten bekämpft werden (siehe auch Seite 108 f.).

Schnecken sind feuchtigkeitsliebende, nachtaktive Tiere, die in unseren trockenen Räumen an Zimmerpflanzen selten vorkommen. An Balkon- und Kübelpflanzen sowie Zimmerpflanzen, die vorübergehend im Garten stehen, treten gelegentlich Schnecken auf. Dabei handelt es sich fast immer um die wenige Millimeter bis 1 cm langen, unscheinbaren, gehäuselosen Nacktschnecken. Der Lochfraß an Blättern sieht dem Schaden von ausgewachsenen Schmetterlingsraupen sehr ähnlich. Schnecken hinterlassen jedoch typische silbrig glänzende Schleimspuren. Sie sind am besten bei Dunkelheit oder am frühen Morgen von den Pflanzen abzusammeln.

TIP
Orchideenrispen und andere Blüten kann man kurzfristig durch Umwickeln der Blütenstiele mit trockener Watte vor Schneckenfraß schützen.

Springschwänze *(Collembolen)* sind 1–3 mm lange, weiße Tiere, die beim Gießen auf der Topferde hin und her springen. Die sprungartige Fortbewe-

Springschwänze fürchten das Tauchbad.

gung geschieht mit Hilfe einer Sprunggabel am Hinterleib. Springschwänze sind nützliche Bodenorganismen, da sie organische Stoffe abbauen. In feuchter, humusreicher Erde können sie sich gelegentlich stark vermehren und dann auch Pflanzenwurzeln befressen. Springschwänze treten jedoch nur selten in solchen Massen auf, daß eine Bekämpfung erforderlich ist. Vorbeugend sind vor allem Erden mit hohem Humusanteil weniger feucht zu halten.

TIP
Springschwänze können leicht vertrieben werden, in dem man die Töpfe eine Weile unter Wasser taucht und die Springschwänze mit dem Wasser abgießt.

Ohrwürmer sind 1–2 cm lange, braune, lichtscheue Nachtinsekten, die am Hinterleibsende zangenartige Fortsätze tragen. Sie sind im Garten nützliche Helfer, da sie Blattläuse,

Springschwanz

Gemeiner Ohrwurm

andere kleine Insekten und deren Eier vertilgen. Mitunter werden aber auch Blüten, zarte, weiche Blätter und Triebe angefressen oder sogar völlig verzehrt. Da Ohrwürmer nachtaktiv sind, sieht man meist nur den verursachten Schaden. Ohrwurmfraß ist an den fein faserigen Rändern angefressener Pflanzenteile zu erkennen. Ohrwürmer können sich gelegentlich auf Fensterbänke verirren oder Pflanzen auf der Terrasse und dem Balkon schädigen. Sie lassen sich gut mit feuchten Lappen, Wellpappen oder mit Holzwolle gefüllten Blumentöpfen fangen, unter denen sie tagsüber Unterschlupf suchen.

Asseln

Asseln sind flache, schildartige und gleichmäßig gegliederte Tiere von 1–2 cm Länge. Die zu den Krebstieren gehörenden Asseln sind lichtscheue Nachttiere, die an feuchten Stellen leben und sich tagsüber unter Steinen und ähnlichem versteckt halten. Sie fressen im wesentlichen abgestorbene organische Stoffe und sind deshalb nützlich. In Ausnahmefällen können sie in größerer Zahl auftreten und an Zimmerpflanzen, in Wintergärten und in Gewächshäusern Schäden anrichten. Asseln lassen sich gut durch Apfelsinenstücke oder -schalen anlocken. Nach Auslegen dieser Köder kann man nach einigen Tagen die darunter befindlichen Tiere absammeln.

Enchytraeiden

Enchytraeiden sind kleine 0,5–30 mm lange, weiße Würmer, die in Erden mit viel organischer Substanz vorkommen. Sie ernähren sich von abgestorbenen Pflanzenteilen und sind ähnlich wie Regenwürmer nützlich. In seltenen Fällen werden Pflanzenwurzeln befressen. Da die Enchytraeiden fast nur in nasser und verdichteter Erde auftreten, ist es ausreichend, befallene Pflanzen umzutopfen und etwas trockener zu halten.

Tausendfüßler sind bis zu 2 cm lange Tiere mit vielen Beinpaaren, die sich bei Berührung spiralig zusammenrollen. Sie sind im Garten sehr nützlich, da sie von abgestorbenen Pflanzenteilen leben. Schäden an Zimmer- oder Balkonpflanzen sind eher selten. Die Tiere sollten deshalb immer abgesammelt und im Garten freigelassen werden.

Regenwürmer sind im Gartenboden äußerst nützliche Tiere, die zur Verrottung organischer Stoffe beitragen. Gleichzeitig sind sie sehr wichtig für die ausreichende Durchlüftung des Bodens. Mancher Hobbygärtner reichert seine Blumenerde gern mit wertvollem Kompost an. Unter diesen Umständen können Regenwurmeier mit dem Kompost in Blumentöpfe gelangen. Die daraus schlüpfenden Regenwürmer können die Töpfe stark durchwühlen. Durch Tauchen der Wurzelballen in temperiertes Wasser wandern die Regenwürmer nach oben. An der Oberfläche können sie abgefangen und im Garten wieder ausgesetzt werden.

Pflanzenkrankheiten

Pilzkrankheiten (Mykosen) können an allen Zimmerpflanzen auftreten. Erreger sind mikroskopisch kleine Pilze, die durch Wind, Wasser, Insekten, Erde, Saatgut oder Pflanzen verbreitet

Welke ist nicht nur ein Symptom für Wassermangel, sondern auch für verschiedene Pflanzenkrankheiten.

werden. Pilze können Welken, Blattflecken, Blatt-, Stengel- und Wurzelfäulen verursachen oder z. B. als mehliger oder stäubender Belag unterschiedlichster Farbe auf Pflanzen vorkommen. Durch optimale Pflege und Pflanzenstärkungsmittel kann man

Echter Mehltau am Blatt

Falscher Mehltau mit typischem Belag blattunterseits

vorbeugend die Widerstandsfähigkeit der Pflanzen gegenüber Pilzbefall erhöhen. Die direkte Bekämpfung ist oft schwierig und hängt von der Art des jeweiligen Pilzes ab.

Mehltau ist das Schadbild zweier Pilzgruppen: Echte und Falsche Mehltaupilze. Letztere befallen Pflanzen, indem sie in die Pflanzen eindringen. Ihre Fruchtkörper wachsen auf der Blattunterseite heraus und lassen diese wie mehlig bepudert aussehen. Blattoberseits treten nur Blattflecken auf.
Der Echte Mehltau wächst auf den Blättern und anderen Pflanzenteilen und sendet Fortsätze ins Pflanzengewebe, um sich zu ernähren. Er ist im Gegensatz zum Falschen Mehltau abwischbar. Bei starkem Befall kann er auch die Blattunterseiten befallen. Beide Pilzarten können Zimmerpflanzen stark schädigen. Falscher Mehltau befällt z. B. Primeln, Veilchen, Gloxinien und Pantoffelblume. Der Echte Mehltau kommt dagegen besonders auf Begonien, Topfchrysanthemen und Topfrosen vor. Mehltaubefallene Pflanzenteile sind sehr gründlich zu entfernen.
Zur Bekämpfung Echter Mehltaupilze gibt es rein pflanzliche Lecithin-Präparate (siehe auch Seite 114 f.). Vorbeugend sollte Überdüngung, hohe Ballen- und Luftfeuchtigkeit vermieden werden. Durch Anwendung eines Sachalin-Staudenknöterich-Präparats (siehe S. 42 f.) oder von Schachtelhalmbrühe können die Abwehrkräfte gesteigert werden.

Grauschimmel *(Botrytis cinerea)* ist ein Schwächepilz, der auf abgestorbenen Pflanzenteilen kranker oder verletzter Pflanzen als typischer mausgrauer Schimmelrasen auftritt. Unter bestimmten Umständen (Lichtmangel, Nässe, Kälte, feuchte, warme Luft, dichtstehende Pflanzen) befällt der Pilz auch lebende gesunde Pflanzenteile, die dann schnell absterben können. Sauberkeit, sorgfältiges Entfernen absterbender Blätter, Stengel und Blüten sowie mäßiges Feuchthalten der Pflanzen und luftiger Stand schützen vor Befall. Pflanzenstärkungsmittel und Überbrausen der Pflanzen mit Schachtelhalmbrühe, Brennesseljauche oder Algenextrakten können die Widerstandsfähigkeit erhöhen.

Blattfleckenkrankheit beim Efeu

Blattfleckenkrankheiten können an den verschiedensten Zimmerpflanzen auftreten. Als Blattflecken bezeichnet man begrenzte Flächen verfärbter oder abgestorbener Pflanzenzellen, die in Größe, Form und Farbe sehr variieren.
Ursachen für Blattflecken sind ungünstige Temperatur- oder Wasserverhältnisse, Nährstoffmangel oder -überschuß, Unverträglichkeiten von Pflanzenschutzmitteln oder deren unsachgemäße Anwendung. Saugende tierische Schädlinge und Viren können Flecken verursachen. Besonders häufig kommen Blattflecken als Hauptsymptome bei Bakterien- und Pilzbefall vor. Die Bekämpfung ist abhängig von der Schadursache.

TIP
Blattfleckenpilze sind häufig Schwächeparasiten. Durch Entfernen befallener Pflanzenteile und optimale Pflege können die Pflanzen meist wieder gesunden.

Wurzelfäulen an Zimmerpflanzen werden vor allem durch Pilze verursacht, deren Auftreten durch hohe Bodenfeuchte, kalte Erde oder zu hohen Salzgehalt gefördert wird. Befallene Wurzeln sind oft rötlich oder braun verfärbt, wobei die äußere Hülle abziehbar ist. Durch optimale Pflege kann man einem Befall vorbeugen. Eine Bekämpfung von Wurzelfäulen ist nicht möglich.

Welkekrankheiten können an verschiedensten Zimmerpflanzen auftreten. Ursachen für Welken sind neben nichtparasitären Faktoren (Wassermangel, Staunässe) Wurzelfraß durch tierische Schädlinge (Dickmaulrüßler etc.) sowie pilzliche und bakterielle Schadorganismen. Diese können im Boden Wurzelfäulen verursachen oder oberirdisch schädigen. Die für den Wassertransport wichtigen Gefäße in Stengeln werden vor allem durch Pilzgewebe verstopft. Solche Stengel sind im Innern braun verfärbt. Durch pilzlichen oder bakteriellen Befall welkende Zimmerpflanzen sollten mit der Topferde vernichtet werden.

Kakteen können von Pilzen befallen werden, die die sogenannte Glasigkeit hervorrufen. Die richtige Pflege kann dies verhindern.

Rostpilze haben ihren Namen von den rostfarbenen, manchmal auch schmutzigweißen, stäubenden Pusteln, die sich meist auf den Unterseiten der Blätter befinden. Blattoberseits entstehen Flecken, später verfärben sich die Blätter und sterben ab. Die häufigsten Rostpilze an Topfpflanzen sind der Fuchsien- und der Pelargonienrost. Befallene Pflanzenteile sollten entfernt und vernichtet werden. Pflanzenstärkungsmittel können die Widerstandsfähigkeit gegen Rostbefall erhöhen.

Pelargonienrost

Glasigkeit ist eine durch Pilzbefall verursachte Veränderung einiger Kakteen (z. B. *Mammilaria* und *Cereus*). Zunächst entstehen glasige Faulstellen, später schrumpft die Pflanze zusammen und fällt um. Die Pilzkrankheit wird oft durch verseuchten Boden übertragen. Da es für den Zimmergärtner keine Bekämpfungsmöglichkeit gibt, sind befallene Pflanzen mit der Erde zu vernichten, um weitere Ansteckungen zu vermeiden.

Rußtaupilze (Schwärzepilze) besiedeln als schwarzer Belag die zuckerhaltigen Ausscheidungen (Honigtau) saugender Insekten wie z. B. Blattläuse. Da durch Rußtau verschmutzte Pflanzen im Stoffwechsel beeinträchtigt sind, ist es angebracht, verunreinigte Pflanzenteile nach der Bekämpfung der saugenden Schädlinge abzuwaschen.

Schwarze Rußtaupilze, die sich auf den Ausscheidungen saugender Insekten wie Blattläusen oder Schild- und Schmierläusen angesiedelt haben.

Bakteriosen sind durch Bakterien verursachte Pflanzenkrankheiten. Bakterien sind eigenständig lebensfähige Schaderreger, die sich auch in totem Gewebe entwickeln können. Bakteriell erkrankte Zimmerpflanzen sollten wegen der Ansteckungsgefahr gesunder Pflanzen mit Topf und Erde vernichtet werden. Bis heute gibt es noch keine Mittel zur Bekämpfung von Bakteriosen an Pflanzen. Bedeutende Bakteriosen kommen nur an wenigen Zimmerpflanzenarten vor, z. B. Ölfleckenkrankheiten an Begonie und Geranie, Bakterienkrebs an Oleander, Wurzelkropf an Chrysanthemen und anderen Pflanzen.

Bakterienkrebs

Virosen sind durch Viren verursachte Pflanzenkrankheiten. Viren können sich nur in lebenden Pflanzen vermehren und werden u. a. durch saugende Insekten wie Blattläuse, Thripse und Zikaden übertragen. Sie kommen am Blumenfenster äußerst selten vor, sind jedoch bei der Anzucht von Zimmerpflanzen in Vermehrungsbetrieben mitunter von Bedeutung. Typische Virussymptome sind z. B. Vergilbungen, Mosaike, Ringflecken, Buntscheckigkeit oder Mißbildungen. Eine sichere Virusdiagnose ist nur durch Laboruntersuchungen möglich. Viruskranke Pflanzen können nicht geheilt werden und sind zu vernichten.

Andere Schadursachen

Nicht immer sind Krankheitserreger oder Schädlinge die Ursache für Pflanzenschäden. Viele Schadsymptome sind die Folge ungünstiger Standortverhältnisse oder falscher Pflege. So führen Lichtmangel, Zugluft, Staunässe, Ballentrockenheit, plötzliche Temperaturschwankungen oder Standortwechsel bei verschiedenen Pflanzen zu Blattvergilbungen, Blattfall, Steckenbleiben oder Abwerfen von Blütenknospen. Blattflecken durch zu kaltes Gießwasser oder durch Besprühen empfindlicher Blätter, Blattverbrennungen durch zu starke Besonnung, Frostschäden bei Zugluft im Winter, trockene Blattränder und -spitzen durch zu niedrige Luftfeuchte oder zu kalkhaltiges Gießwasser sowie Nährstoffmangel- und -überschußsymptome sind weitere Beispiele nichtparasitärer Schäden. Im speziellen Teil dieses Ratgebers wird auf die Empfindlichkeit der Pflanzen gegenüber bestimmten Kulturbedingungen hingewiesen.

Chlorose (Gelbsucht) ist das Vergilben von grünem Gewebe als Folge von Blattgrün-Zerstörung oder geringer Blattgrün-Bildung. Chlorosen können verschiedene Ursachen haben, z. B. Eisenmangel, zu nasse, kalte Erde, Wurzelfäule oder zu hohen pH-Wert. Chlorotische Aufhellungen kann man durch lockere Blumenerden mit reichlichem Anteil organischer Stoffe (Kompost, Rindensubstrate etc.) und optimalem pH-Wert vermeiden.

Eisenmangel an einer Citruspflanze

Korkflecken sind braune, aus der Blatt- oder Stengeloberfläche herausragende korkartige Auswüchse. Sie entstehen, wenn die Wurzeln bei schwachen Lichtverhältnissen und gleichzeitig hoher Luftfeuchte reichlich Wasser aufnehmen. Korkwucherungen bilden sich z. B. an Geranien, Orchideen, Gummibäumen und Begonien. Verkorkungen treten bei langsam wachsenden Pflanzen auch durch Überdüngung auf. Da Korkflecken dauerhaft auf den Pflanzen bleiben, kommt es im Winter darauf an, durch hellen Stand, mäßiges Gießen sowie geringe oder gar keine Düngung Korkbildungen vorzubeugen.

Sonnenbrand äußert sich in unregelmäßig geformten, weißlichen oder bei Kakteen rotbraunen, eingetrockneten Flecken, die scharf vom gesunden Gewebe begrenzt und etwas eingesunken sind. Sonnenbrandempfindliche Pflanzen sind vor allem die Gesneriengewächse (Gloxinie, Drehfrucht, Usambaraveilchen) und andere Regenwald-Arten. Vor praller Mittagssonne hinter einem Südfenster sind fast alle Zimmerpflanzen zu schützen.

Hitzeschaden durch zu hohe Sonneneinstrahlung

Wasserflecken entstehen an Pflanzen mit behaarten Blättern, wie z. B. Usambaraveilchen und Geweihfarn, wenn diese mit Wasser besprüht werden. Zur Erhöhung der Luftfeuchte sollte man hier andere Methoden wählen.

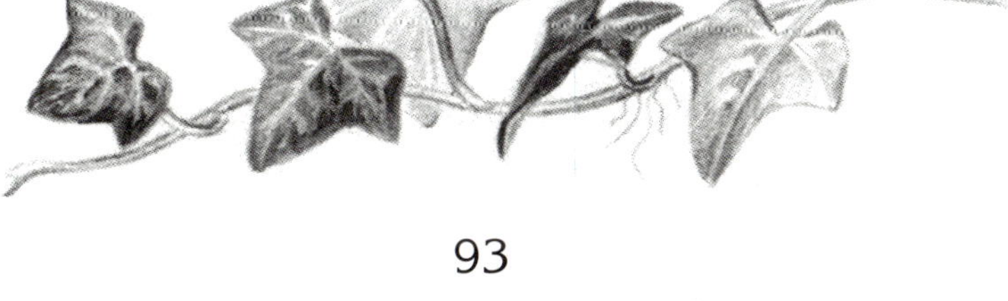

Naturgemäßer Pflanzenschutz

Biologische Schädlingsbekämpfung mit Nützlingen

Nun gibt es vielerlei Möglichkeiten Schädlinge zu bekämpfen. Ich möchte dabei besonders die umweltschonenden Methoden vorstellen. Dazu gehört insbesondere die biologische Schädlingsbekämpfung, die es zu Großmutters Zeit noch nicht gab. Darunter versteht man den gezielten Einsatz der natürlichen Feinde bestimmter Schädlinge. Diese kleinen Helfer werden Nutzorganismen oder Nützlinge genannt. Es sind vor allem Räuber, die die Schadorganismen fressen oder aussaugen, oder Parasiten, die sich in den zu bekämpfenden Schädlingen entwickeln und sie dadurch abtöten.
Nützlinge werden seit vielen Jahren im Erwerbsgartenbau mit großem Erfolg eingesetzt. Auch der Hobbygärtner kann kleinere Nützlingsmengen für den Einsatz im Kleingewächshaus oder an Zimmerpflanzen erwerben. Sogar am Blumenfenster, im Wintergarten oder auf dem Balkon ist eine gezielte Freilassung von Nützlingen möglich. Jedoch eignet sich nicht jede Nutzorganismen-Art für alle genannten Anwendungsbereiche. Die Einsatzmöglichkeiten sind der Tabelle auf Seite 107 zu entnehmen. Die Nützlinge werden in Zuchtbetrieben in großer Zahl vermehrt und per Post versandt. Ausführliche Informationen über den Einsatz von Nützlingen sind dort ebenfalls erhältlich (Bezugsquellen siehe Anhang Seite 177).

Der Nützlingseinsatz an Zimmerpflanzen bietet viele Vorteile:

- keine Gesundheitsgefährdung bei der Anwendung,
- keine schädlichen Rückstände auf den Pflanzen,
- keine Belastung der Luft oder Blumenerde,
- schnellere und einfachere Ausbringung und
- keine Unverträglichkeitsreaktion der Pflanzen.

> Die Nutzorganismen können sich nur von dem betreffenden Schädling ernähren, gegen den sie eingesetzt werden. Sind alle Schaderreger bekämpft, verhungern die nützlichen Helfer und gehen zugrunde. Eine Gefährdung der Pflanzen oder eine Belästigung von Haustieren oder Menschen ist deshalb ausgeschlossen.

Grundsätzlich ist folgendes beim Einsatz von Nützlingen zu beachten:

- Für den Bekämpfungserfolg ist das rechtzeitige Freilassen der Nützlinge beim allerersten Auftreten der Schädlinge entscheidend.
- Deshalb müssen die Pflanzen regelmäßig auf Schädlingsbefall kontrolliert werden.
- Die Tagestemperatur muß bei den meisten Nützlingen bei mindestens +18 °C liegen (siehe Tabelle Seite 107). Ein Einsatz dieser Arten im Freien ist deshalb in der Regel nicht möglich.
- Nützlinge brauchen meist eine möglichst hohe Luftfeuchtigkeit (über 45 %).

• Pflanzenschutzmittel dürfen nicht gleichzeitig oder wenige Wochen vor Freilassung der Nützlinge eingesetzt werden. Sie bekämpfen diese sonst ebenfalls. Ausnahmen gibt es bei nützlingsschonenden Präparaten.
• Starker Schädlingsbefall ist u. U. durch Rückschnitt besonders befallener Pflanzenteile oder durch Einsatz eines nützlingsschonenden Mittels zunächst zu reduzieren.

Auf den folgenden Seiten werde ich die Biologie und Anwendung der verschiedenen Nützlinge an Zimmerpflanzen erläutern.

Wichtiger Hinweis: Beim Kauf der Nützlinge müssen Sie die mitgelieferten Gebrauchsanweisungen genau befolgen.

Raubmilbe (rot, größer) jagt Spinnmilbe (weißgelb, kleiner).

Raubmilben gegen Spinnmilben

Die Gemeine Spinnmilbe *(Tetranychus urticae)* ist ein gefürchteter Schädling vieler Zimmerpflanzen. Ihr Auftreten wird durch trockene Luft und höhere Temperaturen begünstigt. Spinnmilben sitzen vorwiegend auf den Blattunterseiten und saugen Pflanzenzellen aus. Durch das Anstechen dringt Luft in die Zellen. Dadurch entstehen blattoberseits kleine, gelblichweiße, anfangs punktartige Sprenkel, die sich schnell vergrößern. Bei fortgeschrittenem Befall werden auf den Blattunterseiten und in den Blattachseln typische feine Spinnfäden gebildet. Befallene Blätter vergilben und sterben ab. Die etwa 0,5 mm großen, gelblichen bis hellbraunen Spinnmilben erkennt man an ihren beiden dunklen Rückenflecken. Im Winter können die Schädlinge rötlich gefärbt sein, daher auch der Name „Rote Spinne".

Der natürliche Gegenspieler der Spinnmilbe ist die Raubmilbe *(Phytoseiulus persimilis)*. Sie ist etwa gleich groß wie die Spinnmilbe, aber wesentlich beweglicher und leuchtend rot gefärbt. Nur die jungen Milben sind farblos glänzend. Die Raubmilbe ernährt sich ausschließlich von Spinnmilben und deren Eiern. Etwa fünf erwachsene Spinnmilben oder 20 Eier bzw. Jungtiere werden von einer einzigen Raubmilbe täglich ausgesaugt. Da außerdem der Entwicklungszyklus der Raubmilbe mit ca. sieben Tagen nur halb so lang ist wie der des Schädlings,

ist bei rechtzeitigem Einsatz schnell ein Spinnmilbenbefall unterdrückt. Sie vermehren sich besonders rasch bei höheren Temperaturen zwischen 22° und 27 °C und einer relativen Luftfeuchte von über 60 %.
Raubmilben sollten ausgesetzt werden, sobald die ersten Spinnmilben entdeckt werden. Bei Anfangsbefall reichen für eine erfolgreiche Bekämpfung der Spinnmilbe bei Zimmerpflanzen – je nach Größe – ca. 20 Raubmilben pro Pflanze (im Gewächshaus ca. 100 Raubmilben für 10 m^2). Die Raubmilben werden auf Bohnenblättern verschickt, die auf den befallenen Gewächsen ganz oder stückchenweise gleichmäßig verteilt werden. Die Bohnenblätter sollten dabei nur mit den Fingerspitzen berührt werden. Die Nützlinge wandern auf die Pflanzen über und beginnen mit ihrer Beutejagd. Die Pflanzen sollten häufig besprüht und bei starker Sonneneinstrahlung schattiert werden, damit sich die Raubmilben gut vermehren. Zu trockene Luft hemmt die Nützlinge. Topfpflanzen sollte man möglichst dicht zusammenrücken, damit sich die Raubmilben gut verbreiten können.

TIP
Es lohnt sich, die Raubmilben beim Freilassen mit der Lupe zu betrachten, denn nur so kann man sie sicher von ihren Gegenspielern unterscheiden.

Die Bekämpfung ist geglückt, wenn die Nützlinge nach etwa zwei Wochen von ihrem Anfangsplatz abgewandert sind und die Spinnmilben in ihrer Umgebung deutlich dezimiert haben.

Schlupfwespen gegen Weiße Fliegen

Die Weiße Fliege *(Trialeurodes vaporariorum)* ist ein Hauptschädling an Zimmerpflanzen.
Ihr natürlicher Gegenspieler ist die Schlupfwespe *Encarsia formosa*. Sie ist nur 0,6 mm lang, hat zwei Paar durchsichtige Flügel, Kopf und Brust sind schwarz, der Hinterleib ist beim Weibchen gelb und beim Männchen

Die winzige Schlupfwespe *Encarsia formosa* entwickelt sich ausschließlich in den Larven der Weißen Fliegen.

Weißliche, nicht parasitierte Larven der Weißen Fliege und schwarz verfärbte, von der Schlupfwespe *Encarsia formosa* parasitierte.

schwarz. Die ausgewachsenen, mit bloßem Auge kaum sichtbaren Wespen legen während ihrer zwei- bis dreiwöchigen Lebensdauer 50–100 Eier einzeln in die Larven der Weißen Fliege. Die aus den Eiern schlüpfenden Wespenlarven verzehren das Innere des Schädlings, der dadurch abstirbt. Die Weiße-Fliege-Larve verfärbt sich im Laufe dieser Parasitierung schwarz. Die Wespenlarve verpuppt sich im Innern der Wirtshülle, und nach insgesamt etwa 20 Tagen schlüpft statt des Schädlings die ausgewachsene Schlupfwespe, die bald mit der Parasitierung weiterer Larven beginnt.
Sobald beim Berühren der Pflanzen erste Schädlinge auffliegen, ist der günstigste Einsatzzeitpunkt für die Schlupfwespe, auch wenn noch keine Schäden zu erkennen sind. Bei rechtzeitigem Einsatz reichen bei Zimmerpflanzen – je nach Größe – ca. 20 Schlupfwespen pro Pflanze (im Gewächshaus ca. 100 Schlupfwespen für 10 m^2). Da die Schlupfwespen einen dichten Pflanzenbestand mit seinem Kleinklima zur Ablage ihrer Eier lieben, ist eine Anwendung dieser Nützlinge an Einzelpflanzen nicht erfolgversprechend. Eine biologische Bekämpfung der Weißen Fliege am Blumenfenster ist nur bei sehr vielen, dicht stehenden Pflanzen möglich.

Ausbringen von Schlupfwespen: Parasitierte Weiße-Fliege-Larven sind auf Pappkärtchen aufgeklebt und werden an die Pflanzen gehängt.

Schlupfwespen eignen sich gut für den Einsatz in Wintergärten und Gewächshäusern.
Das Verfahren ist denkbar einfach: Man hängt Pappkärtchen mit aufgeklebten parasitierten Weiße-Fliegen-Larven gleichmäßig in den unteren

Teil der Pflanzen. Die daraus schlüpfenden Nützlinge fliegen zu den Schädlingslarven, um ihre Eier darin abzulegen. Leere, weiterhin schwarz gefärbte Wirtshüllen erkennt man an kleinen, kreisrunden Ausschlupflöchern. Entscheidend für eine ausreichend schnelle Entwicklung der Schlupfwespen sind Tagestemperaturen von mindestens + 18 °C.
Der Einsatz der Schlupfwespe ist aufgrund der Lichtverhältnisse in den Monaten Dezember und Januar nur mit Zusatzbelichtung sinnvoll.
Die Behandlung ist erfolgreich, wenn etwa zwei Wochen nach Aussetzen der Schlupfwespen die ersten parasitierten, schwarz verfärbten Schädlingslarven auf den Pflanzen zu finden sind. Nach drei bis sechs Wochen sollten ca. 50 % der Weiße-Fliege-Larven eine Schwarzfärbung zeigen.

Blattlauslöwe (Larve der Florfliege) saugt gerade eine Blattlaus aus.

Florfliegen gegen Blattläuse und andere weichhäutige Insekten

Zimmerpflanzen werden leicht von Blattläusen befallen, da vor allem warme, trockene Luft, aber auch unausgewogene Ernährung einen Befall mit diesen Schädlingen begünstigt.
Ein wichtiger natürlicher Feind der Blattläuse ist die Gemeine Florfliege *(Chrysoperla [Chrysopa] carnea)*. Das erwachsene Insekt ist 10–15 mm lang, hellgrün gefärbt und trägt zarte, netzartige Flügel. Wegen ihrer goldglänzenden Augen ist sie auch unter dem Namen „Goldauge" bekannt. Während

Die Florfliege ist ein natürlicher Feind der Blattlaus.

sich die erwachsenen Florfliegen nur von Pollen, Honigtau und Nektar ernähren, saugen ihre Larven, die „Blattlauslöwen", Blattläuse, Thripse sowie Insekteneier, aber auch andere weichhäutige Insekten wie z. B. Schmierläuse aus. In geringem Umfang werden auch Spinnmilben vertilgt. Die gelblichen Florfliegenlarven haben einen etwa 10 mm großen, braun gesprenkelten, länglich flachen Körper, der an beiden Enden spitz zuläuft. Bei der Beutesuche laufen die Larven lebhaft umher. Die Opfer werden mit den zangenartigen Mundwerkzeugen gepackt und ausgesaugt. Eine Florfliegenlarve kann bis zur Verpuppung etwa 500 Blattläuse vertilgen.

Die Florfliegen werden entweder als Larven verschickt oder in Form von Eiern auf Papier- oder Mullgazestreifen, in größeren Mengen auch in Kleie zum Ausstreuen geliefert. Die Larven werden direkt auf die Pflanzen geklopft. Die Streifen mit Eiern werden gleichmäßig auf den befallenen Pflanzen dicht bei den Blattlauskolonien verteilt. Bei dieser Methode kann man bereits nach einer Woche die Fraßtätigkeit der Larve beobachten. Weißlich gefärbte Florfliegeneier zeigen an, daß die Larven ausgeschlüpft sind. Sie entwickeln sich bei Temperaturen zwischen 20° und 26 °C optimal. Die Ansprüche der Larven an das Klima sind jedoch gering, da sie auch bei niedrigeren Temperaturen und einer relativ niedrigen Luftfeuchte noch recht aktiv sind. Die erforderliche Nützlingsmenge richtet sich nach der Art der Anwendung (Eier oder Larven), nach der Pflanzengröße und nach der Stärke des Befalls. Florfliegen eignen sich im Gegensatz zu Räuberischen Gallmücken gut für die Blattlausbekämpfung an einzeln stehenden Pflanzen. Handelt es sich um mehrere befallene Pflanzen, sollte man berücksichtigen, daß die Florfliegenlarven nicht sehr beweglich sind. In diesem Fall sollten Topfpflanzen zusammengerückt werden, bis sich die Blätter berühren, damit die Nützlinge sich ausbreiten können. Auf Balkon und Terrasse ist ein Florfliegeneinsatz möglich, der Bekämpfungserfolg ist jedoch witterungsabhängig. Beim Ausbringen im Freien sollten die Eier möglichst vor Regen geschützt werden.

TIP
Die Florfliegenlarve frißt neben Blattläusen auch andere kleine Insekten. Deshalb läßt sich so auch leichter Thripsbefall an Zimmerpflanzen bekämpfen.

Räuberische Gallmücken gegen Blattläuse

Die Räuberische Gallmücke *(Aphidoletes aphidimyza)* ist ein wichtiger Gegenspieler verschiedener Blattlausarten. Sie wird seit vielen Jahren in mehreren Ländern im Erwerbsgartenbau erfolgreich zur Blattlausbekämp-

Die Larven der Räuberischen Gallmücke *Aphidoletes aphidimyza* ernähren sich ausschließlich von Blattläusen.

fung in Gewächshäusern eingesetzt. In unseren Wohnungen eignet sich diese Nützlingsart nur für den Einsatz in Wintergärten. Da die Räuberische Gallmücke einen dichten Pflanzenbestand und hohe Luftfeuchte liebt, ist sie zur Bekämpfung von Blattläusen an Einzelpflanzen nicht geeignet.
Die ca. 2 mm großen, Gallmückenweibchen legen ihre Eier gezielt in die Nähe von Blattläusen ab. Ein Weibchen kann 80–200 Eier legen. Die daraus schlüpfenden, orangefarbenen Larven ernähren sich nur von Blattläusen. An den Beutetieren wird eine leicht verletzliche, dünnhäutige Stelle gesucht, wo ein lähmender Giftstoff eingespritzt wird. Dann werden die Blattläuse ausgesaugt. Die Larven können so während ihrer Entwicklungsdauer von fünf bis sieben Tagen bei Zimmertemperatur bis zu 80 Läuse töten. Danach verpuppen sie sich in der Blumenerde. Nach ca. zehn Tagen schlüpfen die erwachsenen Insekten, die wieder zu Blattlauskolonien fliegen, um Eier abzulegen. Während ihrer Lebensdauer von ca. zwei Wochen ernähren sich die erwachsenen Gallmücken vom Honigtau der Blattläuse.
Bei der Massenzucht werden die Puppen gesammelt und, eingebettet in Bodensubstrat, z. B. feuchten Torf, versandt. Bei Anfangsbefall reichen ca. 80 Puppen für eine Wintergarten- oder Gewächshausfläche von 10 m^2. Eine zweite Freilassung nach zwei bis vier Wochen ist bei erneutem oder stärkerem Blattlausbefall ratsam. Nach Eintreffen der Nützlinge muß man das Substrat mit den Puppen umgehend in kleinen Häufchen auf die Blumentöpfe verteilen. Wichtig ist, daß das Substrat über eine Woche feucht gehalten wird. Eine Erhöhung der Luftfeuchte und Temperaturen zwischen 20 und 24 °C sind ebenfalls vorteilhaft. Aus den Puppen schlüpfen nach ein bis drei Tagen die ersten erwachsenen Gallmücken. Wenige Tage später sind in unmittelbarer Nähe der Blattläuse winzige, orangerote Eier und kleine Gallmückenlarven zu finden, die mit einer Lupe beobachtet werden können.

Australischer Marienkäfer gegen Woll- oder Schmierläuse

Neben zahlreichen Marienkäferarten, die dem Hobbygärtner in der Regel als

Blattlausjäger bekannt sind, gibt es andere Marienkäferarten, die sich von Schmier- oder Wolläusen ernähren.
Ein effektiver Vertilger ist der Australische Marienkäfer *Cryptolaemus montrouzieri*. Diese Marienkäferart wird seit vielen Jahren beispielsweise in Spanien und Kalifornien in Insektarien gezüchtet und im Frühjahr erfolgreich zur Bekämpfung verschiedener Schmierläuse in Zitruskulturen ausgesetzt. Darüber hinaus kommt dieser Nützling in zahlreichen anderen gärtnerischen Kulturen, z. B. an unterschiedlichsten Zierpflanzen in Gewächshäusern, zum Einsatz.
Neuerdings hat auch der Hobbygärtner die Möglichkeit, kleine Marienkäfermengen für die Freilassung an Zimmerpflanzen zu erwerben. Nach bisherigen Erfahrungen reichen für eine Wintergarten- bzw. Gewächshausfläche von 10 m² ca. 25 Käfer. Bei

Australischer Marienkäfer

Larve des Australischen Marienkäfers (rechts) an Wollaus (links)

Einzelpflanzen dürften nach Größe und Befall ca. fünf Käfer pro Pflanze zur Bekämpfung ausreichen.
Geliefert werden die ausgewachsenen, 4 mm langen, braunen Käfer, deren Kopf, Brustteil, Flügelspitzen und Hinterleib orange gefärbt sind. Der Versand erfolgt in Schachteln mit Papierwolle. Ein Weibchen kann bis zu 400 Eier in die Eigelege der Wolläuse

TIP
Diese Marienkäferart ist besonders für weichblättrige Pflanzen interessant, für die Weißölpräparate zur Wollausbekämpfung nicht in Frage kommen, weil sie nur für hartlaubige Pflanzen verträglich sind.

legen. Sowohl der Käfer als auch die Larven leben räuberisch von Wolläusen und anderen saugenden Insekten. Die Larven sehen in fortgeschrittenen Entwicklungsstadien – durch watteartige Fasern umhüllt – den Wolläusen sehr ähnlich. Sie werden bis zu 13 mm lang und können bei Temperaturen von 21 °C während ihrer gesamten Entwicklungsdauer über 300 Wolläuse vertilgen.
Für einen erfolgreichen Einsatz sind durchschnittliche Temperaturen von mind. 20 °C sowie eine rel. Luftfeuchte von mind. 60 % wichtige Voraussetzungen.

Bräunlich bzw. rötlich verfärbte Dickmaulrüßlerlarven nach Befall mit parasitären Nematoden der Gattung *Heterorhabditis.*

Nematoden gegen Dickmaulrüßler

Während sich die Larven und Käfer des Gefurchten Dickmaulrüßlers *(Otiorhynchus sulcatus)* und anderer Dickmaulrüßler-Arten von Zimmerpflanzen leicht absammeln lassen, gestaltet sich das Absammeln, insbesondere der Larven aus der Erde, bei Terrassenpflanzen mit zunehmender Größe immer schwieriger.
Hier hat der Hobbygärtner die Möglichkeit, die Larven der Dickmaulrüßler rein biologisch durch Einsatz insektenparasitärer Nematoden zu bekämpfen. Diese Nematoden sind kleine Fadenwürmer der Gattungen *Heterorhabditis* und *Steinernema (S. carpocapsae),* die parasitisch in den Dickmaulrüßlerlarven leben. Die wegen ihrer schlängelnden Fortbewegung auch als Älchen bezeichneten Nützlinge sind für Pflanzen, Menschen und andere Tiere absolut unschädlich. Sie suchen im Boden ihre Wirtslarven und -puppen auf, dringen in sie ein und sondern im Innern der Larven ein für Warmblüter harmloses Bakterium ab, das sich im Insektenblut stark vermehrt und die Larven nach wenigen Tagen absterben läßt. Die Dickmaulrüßlerlarven verfärben sich dabei braun. Die Nematoden ernähren sich nun von diesen Bakterien, ihrer natürlichen Nahrung, und vermehren sich. Schließlich verlassen sie die abgetöteten Larven, um neue Schädlingslarven zu suchen.

Schönes Arrangement mit der beliebten Azalee

Die Käfer selbst können durch die nur im Boden aktiven Nematoden nicht bekämpft werden, aber die Entwicklung neuer Käfer wird auf natürliche Weise verhindert.
Entscheidend für den Bekämpfungserfolg ist also, daß zum Zeitpunkt der Nematodenausbringung Dickmaulrüßlerlarven im Boden vorhanden sind. Da die Fadenwürmer erst ab einer Bodentemperatur von mindestens 12 °C die Larven parasitieren, ist eine Anwendung dieser Nützlinge im Freien – je nach Temperatur – von Ende Mai bis Ende September sinnvoll. Frühjahr und Herbst sind die besten Einsatzzeitpunkte, da sich nach der Bodenerwärmung im Frühjahr die meisten Dickmaulrüßler verpuppen und als Käfer schlüpfen, im Herbst aber wieder eine neue Larvengeneration im Boden vorhanden ist.
Für eine Fläche von 6 m^2 Erdboden oder Töpfe benötigt man ca. drei Millionen Nematoden. Die winzigen, mit bloßem Auge kaum sichtbaren Tiere werden auf Schaumstofflocken in Plastikbeuteln oder anderen Behältern geliefert. Die Flocken gibt man ca. eine Stunde in ein Gefäß mit Wasser, das nicht über 20 °C warm sein sollte. Die Nematoden kriechen dann aus den Flocken heraus. Das Wasser mit den darin befindlichen Nematoden wird nach Mischen mit weiterem Wasser an die befallenen Pflanzen gegossen. Die benötigte Wassermenge richtet sich nach der Anzahl der zu behandelnden Pflanzen. Die Nematoden sollten auf keinen Fall bei direkter Sonneneinstrahlung, sondern am besten bei bedecktem Himmel oder gegen Abend ausgebracht werden. Da sich die Fadenwürmer nur auf einem Wasserfilm im Boden fortbewegen können, ist ein Austrocknen der Topfballen unbedingt zu vermeiden.

TIP
Erden sollte man nach der Nematodenanwendung für mehrere Wochen feucht halten.

Nematoden gegen Trauermücken

Zur Bekämpfung eignen sich parasitäre Nematoden der Gattung *Steinernema (S. feltiae)*. Sie wirken auf die gleiche Weise wie die Fadenwürmer gegen Dickmaulrüßler (siehe S. 102 ff.). Die Nematoden werden ebenfalls mit Wasser auf die befallene Erde ausgebracht, dringen dann in die Larven von Trauermücken ein und töten sie ab.
Die Nematoden beider beschriebenen Gattungen *Heterorhabditis* und *Steinernema* eignen sich nicht zur Anwendung in Substraten, die zuvor mit Insektiziden behandelt wurden, da die Fadenwürmer durch mögliche Rückstände geschädigt werden können. Eine vorbeugende Behandlung von Erden mit insektenparasitären Nematoden ist nicht möglich, da die Nützlinge nur begrenzte Zeit ohne ihre Wirtslarven im Boden überdauern können.

Nützlings-Arten sowie Bakterien- und Pilzpräparate für Zimmerpflanzen und ihre Einsatzmöglichkeiten

Nützlinge, Bakterien-, Pilzpräparate	Schädlinge	Blumenfenster	Wintergarten	Balkon/ Terrasse	Hydrokulturen (Büro-, Wohnräume)	Notwendige Mindesttemperatur
Raubmilben *(Phytoseiulus persimilis)*	Spinnmilben	●	●		●	18 °C (Tagest.)
Schlupfwespen *(Encarsia formosa)*	Weiße Fliegen	○	●		○	18 °C (Tagest.)
Florfliegen *(Chrysoperla carnea)*	Blattläuse u. a. weichhäutige Insekten	●	●	○	●	18 °C Durchschnittstemp. (s. S. 101)
Räuberische Gallmücken *(Aphidoletes aphidimyza)*	Blattläuse		●		○	18 °C (Tagest.)
Australischer Marienkäfer *(Cryptolaemus montrouzieri)*	Wolläuse	●	●		●	20 °C (Tagest.)
Parasitäre Nematoden *(Heterorhabditis* spec.)	Dickmaulrüßler		●	●		12 °C (Bodent.)
Parasitäre Nematoden *(Steinernema feltiae)*	Trauermücken	●	●	●	○	12 °C (Bodent.)
Bacillus thuringiensis-Präparate	freifressende schädliche Raupen		●	●		über 15 °C (mehrere Std./Tag)
Metarhizium anisopliae-Präparate	Dickmaulrüßler		●	●		

● = einsetzbar
○ = bedingt einsetzbar

Sonstige Nützlinge

Aus dem Angebot von rund 50 Nützlingsarten für Erwerbsgärtner kommen jetzt auch Schlupfwespenarten zur Schildlausbekämpfung bei Hobbygärtnern häufig zum Einsatz.
Bewährt hat sich eine Anwendung in Wintergärten und Gewächshäusern, jedoch nur in der Zeit von März bis September, da der Erfolg von den Lichtverhältnissen abhängt. Voraussetzung für die richtige Nützlingswahl ist eine genaue Schädlingsbestimmung. Einige Nützlingsfirmen bieten eine kostenlose Bestimmung anhand eingesandter Blattproben an und geben gern weitere Auskünfte.

Typisches Schadbild von Raupen

Mikrobiologischer Pflanzenschutz

Bacillus thuringiensis-Präparate gegen Schadraupen

Ein seltenes Schadbild an Zimmerpflanzen ist der Fraß durch Schmetterlingsraupen. Befallen werden hauptsächlich Zimmer- und Kübelpflanzen, die den Sommer über im Garten, auf Terrasse oder Balkon stehen. Da Nachtfalter und verschiedene Kleinschmetterlinge abends durch das Licht unserer Wohnräume angelockt werden, kann es auch zur Eiablage an Topfpflanzen im Zimmer kommen.
Aus den Eiern schlüpfen winzige Räupchen, die zunächst kaum durch ihren Schabefraß Schaden verursachen. Etwas größere Raupen schädigen durch einen sogenannten Fensterfraß, bei dem die Ober- oder Unterhaut der Blätter nicht zerstört wird (Name!). Das typische Schadbild älterer und ausgewachsener Raupen sind unregelmäßige Löcher im Blatt oder Fraßschäden am Blattrand sowie schwarze Kotkrümel auf der Fensterbank.
Die Raupen sind oft grün oder braun und dadurch nur schwer zu entdecken. Manche verkriechen sich auch tagsüber in der Erde und werden erst bei Dunkelheit aktiv.
Bei Schmetterlingen, deren Raupen an Zimmerpflanzen Schäden verursachen, handelt es sich nur um wenige, aber recht häufig vorkommende Falterarten. Diese lassen sich am besten durch Absammeln bekämpfen, da fast immer nur vereinzelte Raupen auftreten.

Bei übermäßigem Befall können einige Raupenarten mit einem rein biologischen Präparat bekämpft werden. Genauso wie viele nützliche Insekten und Milben regulierend auf verschiedene Schädlinge wirken, gibt es auch Bakterien, die Schädlinge befallen und stark dezimieren können. Zu diesen gehört der *Bacillus thuringiensis* subsp. *kurstaki*, der überall in der Natur vorkommt und ausschließlich nur bei bestimmten Raupen eine Krankheit verursacht, die bereits nach wenigen Stunden zum Fraßstop führt. Nach drei bis fünf Tagen sterben die von diesem *Bacillus* befallenen Raupen ab.

Im Fachhandel gibt es Präparate, die als Wirkstoff *Bacillus thuringiensis* enthalten. Diese Präparate sind rein biologische Spritzmittel zur Bekämpfung freifressender, schädlicher Raupen im Obst-, Gemüse-, Wein- und Zierpflanzenbau. Sie sind für andere Tiere, Pflanzen und Menschen vollkommen ungefährlich. Die Präparate sollten jedoch grundsätzlich nicht in der Nähe von Futterpflanzen seltener Schmetterlingsarten angewendet werden (Wildkräuterwiesen, Wildblumenkästen). An Zierpflanzen wirken diese Präparate gegen verschiedene freifressende Schmetterlingsraupen mit Ausnahme weniger empfindlicher Nonnen- und Eulenraupen. Da es sich jedoch oft bei den Schmetterlingslarven an Zimmerpflanzen um Raupen von Eulenfaltern handelt, sind die *Bacillus thuringiensis*-Präparate also nicht in jedem Fall ratsam. Eulenraupen sind 2–3 cm lang, unbehaart, dämmerungs- und nachtaktiv und liegen tagsüber spiralig eingerollt in der obersten Erdschicht. Handelt es sich um einen Befall derartiger Larven, sollte man die Pflanzen besser abends kräftig rütteln und die herunterfallenden Raupen dann aufsammeln und vernichten. Führt diese Methode nicht ausreichend zum Erfolg, helfen Spritzungen mit *Pyrethrum*-Präparaten.

Verblühtes sollte bei den *Elatior*-Begonien immer gleich ausgezupft werden.

Metarhizium anisopliae-Präparate gegen Dickmaulrüßler

Vor nicht allzu langer Zeit ist die Entwicklung eines Pilzgranulats mit einer speziellen Wirkung gegen vornehmlich im und auf dem Boden lebende Käferarten gelungen, wie beispielsweise den Gefurchten Dickmaulrüßler. Es handelt sich dabei um den Pilz *Metarhizium anisopliae*, der alle Entwicklungsstadien des oben genannten Schädlings infizieren kann.
Das Pilzgranulat wird vorbeugend in die Blumenerde eingearbeitet. *Metarhizium anisopliae*-Präparate gibt es inzwischen auch für Hobbygärtner im Fachhandel.

> Wichtiger Hinweis: Bei den käuflichen Präparaten müssen Sie die mitgelieferten Gebrauchsanweisungen genau befolgen.

Andere naturgemäße Bekämpfungsmaßnahmen

Gelbsticker, Gelbtafeln und Blautafeln

Eine relativ einfache biotechnische Methode zur Bekämpfung von Zimmerpflanzenschädlingen ist die Anwendung von Gelbstickern, Gelb- und Blautafeln. Diese gelben und blauen Fallen sind mit einem farb- und geruchlosen Spezial-Insektenleim beschichtet, der nicht austrocknet und auch bei höheren Temperaturen (z. B. über der Heizung) nicht abtropft. Die

Fliegende Insekten, wie z. B. Weiße Fliegen, Trauermücken, Minierfliegen und geflügelte Blattläuse, lassen sich mit kleinen, beleimten Gelbtafeln fangen, die einfach in die Blumentopferde gesteckt werden.

Schadinsekten werden von der gelben oder blauen Farbe angelockt und bleiben an dem aufgetragenen Leim kleben.
Gelbsticker können direkt in die Blumenerde gesteckt oder einfach an einem Stab oder an der Pflanze selber befestigt werden.
Gelb- und Blautafeln werden aufgehängt und eignen sich besonders für Wintergärten und Hobbygewächshäuser. Mit den beleimten Gelbtafeln können Weiße Fliegen, Trauermücken, Minierfliegen, geflügelte Blattläuse und mit den Blautafeln Thripse abgefangen werden. Sie sind außerdem ein sehr nützliches Hilfsmittel zur Früherkennung von Insektenbefall.
Blautafeln gibt es neuerdings genauso wie Gelbtafeln in kleinen Packungsgrößen für Hobbygärtner im Gartenfachhandel.

Leitungswasser

Blattläuse, Spinnmilben und Thripse können mitunter durch Abbrausen der Pflanzen mit Leitungswasser recht gut bekämpft werden. Wichtig für den Bekämpfungserfolg ist das gründliche Abspritzen der Ober- und besonders der Unterseite der Blätter mit handwarmem Wasser. Die Behandlung ist einige Male zu wiederholen, da meist noch Eier an den Blättern haften bleiben, aus denen neue Schädlingslarven schlüpfen. Ein Abduschen von Pflanzen ist auch sonst recht sinnvoll.

> **TIP**
> Mit staubfreien Blättern kann die Pflanze besser atmen und wachsen. Deshalb brause ich viele meiner Pflanzen von Zeit zu Zeit ab.

Regelmäßiges Abbrausen mit Leitungswasser beugt ebenfalls Schädlingsbefall vor.

Schmierseife

Schmierseifen-Lösungen werden 2 %ig angesetzt. Dazu verrührt man 20 g reine Schmierseife (Drogerie, Apotheke!) in 1 l heißem Wasser. Nach dem Abkühlen wird die Lösung unverdünnt verwendet. Schmierseifen-Lösungen können gegen Blattläuse gespritzt werden. Gegen Schild- und Wollausbefall hilft mehrfaches Abwaschen der Pflanzen mit der beschriebenen Lösung.

Unter den im Fachhandel erhältlichen Pflanzenschutzmitteln gibt es Präparate, die als Wirkstoff Kalisalze von natürlichen Fettsäuren (Kaliseifen) enthalten. Bei diesen Fettsäure-Präparaten handelt es sich ebenfalls um Schmierseifen, die jedoch aus ganz speziellen Fettsäuren zusammengesetzt sind, die eine gute Wirkung gegen Insekten haben. Der Vorteil dieser speziellen Schmierseifen besteht darin, daß die Präparate auf ihre Wirksamkeit und Pflanzenverträglichkeit genau geprüft und von der Biologischen Bundesanstalt für Land- und Forstwirtschaft (BBA) als Pflanzenschutzmittel zugelassen sind.

Zimmerpflanzenschädlinge wie Blattläuse, Weiße Fliegen und Spinnmilben lassen sich gezielt durch Sprühen oder Spritzen mit amtlich zugelassenen Fettsäure-Präparaten bekämpfen. Nützlinge werden bei der Anwendung dieser Präparate geschont. Voraussetzung

Schmierseifenlösung hilft gegen Blattläuse.

für eine gute Wirkung der Fettsäure-Präparate ist, daß die Schädlinge mit dem Mittel gründlich benetzt werden. Bei Spinnmilben und Weißen Fliegen sind die Behandlungen zwei- bis dreimal im Abstand von fünf bis sieben Tagen zu wiederholen, um auch nachschlüpfende Schädlinge zu erfassen.

Wichtiger Hinweis: Bei den käuflichen Präparaten müssen Sie die Gebrauchsanweisungen genau befolgen.

Brühen, Jauchen oder Tees?

Pflanzen haben in der Natur zum Selbstschutz Abwehrstoffe entwickelt, die Schädlinge oder Krankheitserreger abtöten. In Biogärten werden Auszüge aus zahlreichen Kräutern in Form von Tees, Brühen oder Jauchen zur Stärkung der Widerstandskraft der Pflanzen oder zur direkten Schädlings- oder Krankheitsbekämpfung verwendet. Dabei haben viele Biogärtner ihre Geheimrezepte.
Auch an Zimmer- und Terrassenpflanzen dürften Erfolge mit Pflanzenauszügen zu erzielen sein. Zu bedenken ist jedoch, daß sich die Anwendung vieler Brühen und Jauchen wegen des unangenehmen Geruchs nur im Freien empfiehlt.
Nicht unerwähnt bleiben soll die Tabakbrühe, auf die viele erfahrene Praktiker schwören. Tabakbrühe aus Zigarettenkippen ist zwar ein sehr wirksames Mittel gegen verschiedene Schädlinge an Zimmerpflanzen, aber sie ist auch hochgiftig. Obwohl es in einer biologisch aktiven Erde schnell abgebaut wird, sollte der biologisch orientierte Zimmergärtner, insbesondere wenn Kinder im Haus sind, auf dieses Mittel verzichten.

TIP
Hier ist ein altes Rezept für einen Zwiebelsud: Gesammelte Zwiebelschalen werden mit kochendem Wasser (am besten Regenwasser) überbrüht. Das Ganze sollte man 24 Stunden ziehen lassen. Geschwächte Pflanzen können mit diesem Sud überbraust werden.

Freilandaufenthalt ist für gutes Gedeihen des Oleanders besonders wichtig.

Weißöle und Präparate pflanzlichen Ursprungs

Zur Bekämpfung von Pflanzenkrankheiten und Schädlingen wird eine Vielzahl von chemischen Präparaten angeboten, die oft Substanzen enthalten, die z. B. Bienen gefährden oder deren Einatmung bzw. Berührung Gesundheitsschäden verursachen. Auf derartige Mittel kann durchaus verzichtet werden, denn es gibt eine Vielzahl von Möglichkeiten, auf biologische bzw. naturgemäße Weise wirkungsvoll Zimmerpflanzen zu schützen.

Paraffinöle (Weißöle) werden in Körperpflegemitteln und Kosmetika als neutrale Salbengrundlagen verwendet. Einige schwer bekämpfbare Schädlinge wie Schild-, Woll- oder Schmierläuse sowie Spinnmilben und deren Eier können jedoch durch einen dünnen Paraffinölbelag abgetötet werden, weil die Tiere unter dem öligen Film ersticken. Im Fachhandel sind Weißöle ohne insektizide Zusätze zur Schädlingsbekämpfung erhältlich. Es gibt Sprühmittel, die von der Biologischen Bundesanstalt für Land- und Forstwirtschaft (BBA) zur Anwendung an Zimmerpflanzen zugelassen sind. Zu beachten ist, daß Weißöle nur an hartlaubigen Zierpflanzen angewendet werden können. An weichblättrigen Pflanzen können Paraffinöle Schäden verursachen.

Nachfolgend nenne ich einige Pflanzenschutzpräparate, die natürliche Wirkstoffe pflanzlichen Ursprungs enthalten.

Pyrethrum ist ein Extrakt aus Chrysanthemenblüten, der in Spritz-, Sprüh- und Stäubemitteln zur Bekämpfung von Schadinsekten in Haus und Garten verarbeitet wird. Pyrethrum-Präparate wirken ausschließlich auf das Nervensystem von kaltblütigen Lebewesen, wozu in erster Linie Insekten und Spinnentiere zählen. Blattläuse, Zikaden, Thripse und andere saugende Insekten an Zimmerpflanzen können mit Pyrethrum-Präparaten bekämpft werden. Da aber auch Fische und Reptilien zu den Kaltblütern gehören, dürfen Pyrethrum-Mittel keinesfalls in der Nähe von Aquarien, Terrarien oder Gartenteichen angewendet werden. Darüber hinaus empfiehlt es sich, Pyrethrum-Präparate nur einzusetzen, wenn keine anderen naturgemäßen Bekämpfungsmöglichkeiten mehr zur Verfügung stehen.

Lecithin ist ein natürlicher Wirkstoff, der aus der Sojapflanze gewonnen wird. Soja-Lecithin wird z. B. in Puddingpulver, Schokoladen und anderen Nahrungsmitteln als Emulgator eingesetzt. Lecithin ist aber auch ein sehr guter Wirkstoff gegen Echten Mehltau an Zierpflanzen, Rosen und Gurken.

Mehltaubefallene Zimmerpflanzen können mit einem von der BBA zugelassenen Lecithin-Präparat behandelt werden. Die Pflanzen werden von allen Seiten, auch an den Blattunterseiten, gründlich eingesprüht. Spätestens ab Befallsbeginn muß im Abstand von ca. einer Woche regelmäßig gesprüht werden. Da Lecithin auch die Widerstandsfähigkeit der Pflanzen erhöht, ist

es ratsam, mehltaugefährdete Pflanzen vorbeugend mit Lecithin-Präparaten zu behandeln, damit der Mehltau erst gar nicht auftritt.
An Zimmerpflanzen, die gleichzeitig von Echtem Mehltau und Schädlingen befallen sind, kann ein Kombinationspräparat aus Lecithin und Pyrethrum (als Zimmerpflanzenspray) mit Dreifachwirkung gegen Mehltau, Spinnmilben und Blattläuse angewendet werden. Auch dieses Mittel ist wegen seines Pyrethrumanteils fischgiftig. Gegen Mehltau muß das Präparat regelmäßig im wöchentlichen Abstand gesprüht werden. Gegen Spinnmilben ist die Behandlung zwei- bis dreimal im Abstand von ca. sieben Tagen zu wiederholen.
Grundsätzlich sollte man bei Pflanzenschutzmaßnahmen abwägen, ob sich eine Bekämpfung tatsächlich lohnt, oder ob es bei weniger wertvollen Pflanzen nicht preiswerter, einfacher und je nach Wahl der Bekämpfungsmethode auch umweltfreundlicher ist, eine neue Pflanze zu kaufen.
Schließlich sei noch darauf hingewiesen, daß es bei allen Bekämpfungsmaßnahmen nicht nur darauf ankommt, vorhandene Krankheiten oder Schädlinge zu bekämpfen.

TIP
Ich überlege mir immer die möglichen Ursachen, die zum Auftreten der Schaderreger geführt haben, damit ich sie beheben kann.

Buntnesseln: Einfach zu pflegende Topfpflanzen.

Zimmerpflanzen von A–Z Spezielle Pflanzenpflege und Tips

Abutilon
Schönmalve, Zimmerahorn
Familie: *Malvaceae* (Malvengewächse)
Herkunft: Tropen und Subtropen Mittel- und Südamerikas.
Beschreibung: Pflanze mit ahornähnlich gezackten, grünen oder gelblich gefleckten Blättern, die samtartig behaart sind. Am häufigsten *Abutilon*-Hybriden mit gelben, orangefarbenen oder purpurroten, glockenförmigen Blüten. Bedeutende Arten: *A. striatum* mit aufrechten Zweigen; *A. megapotamicum* mit überhängenden Trieben und gelbroten Laternenblüten.
Standort: Hell bis halbschattig, ohne direkte Sonne; sehr luftiger Stand; windgeschützter Platz über Sommer im

Schönmalve

Schönmalven lassen sich durch Stecklinge vermehren.

Freien ideal; vor Freilandaufenthalt abhärten; bei plötzlichem Temperaturwechsel Abwerfen von Blättern und Blüten; Zugluft vermeiden; Überwinterung hell und kühl, nie unter 12 °C.
Pflege: Von März bis August reichlich und regelmäßig gießen; normaler Nährstoffbedarf; Rückschnitt aufrecht wachsender Pflanzen vor Austrieb Ende Februar; Formung von Hochstämmchen bei Arten mit hängenden Trieben möglich (siehe Pflegeanleitung Hibiskus S. 149 f.).
Vermehrung: Durch Stecklinge, nur bei Hybriden auch aus Samen.
Krankheiten und Schädlinge: Blattläuse, Spinnmilben.

TIP
Zur Überwinterung stelle ich die Schönmalve in einer Gärtnerei unter, denn bei mir ist es meist zu warm oder zu kühl.

Anthurium
Flamingoblume, Anthurie
Familie: *Araceae* (Aronstabgewächse)
Herkunft: Tropische Regenwälder Mittel- und Südamerikas.
Beschreibung: Pflanze mit dunkelgrünen, gestielten Blättern und Blüten mit auffallend rot, rosa, selten auch weiß oder orange gefärbten Hochblättern. In Zimmerkultur hauptsächlich die reich blühenden *Anthurium-Scherzerianum*-Hybriden.
Standort: Hell, keine direkte Sonne; wärmeliebend; ganzjährig Zimmertemperatur; zur Auslösung der Blütenbildung im Winter sechs bis acht Wochen bei 15 °C.

Flamingoblume

Pflege: Reichlich gießen mit temperiertem, enthärtetem Wasser; Staunässe vermeiden; geringer Nährstoffbedarf; während kühler Überwinterung nicht düngen und wenig gießen; hohe Luftfeuchte; lockere, humose, saure Erde; Umtopfen bei Bedarf nach der Blüte.
Vermehrung: Durch Teilung oder Seitentriebe.
Krankheiten und Schädlinge: Gelbe oder braune Blattspitzen bei kalkhaltigem Wasser, zu kühlem Stand oder zu trockener Luft. Echter Mehltau, Blatt-

fleckenpilze, Spinnmilben, Schildläuse, Thripse, Blattläuse.

TIP
Ich verwende zum Besprühen der Blätter enthärtetes Wasser. Die Blütenstände dürfen allerdings nicht benetzt werden, denn sie bekommen sonst Flecken.

Aphelandra
Glanzkölbchen
Familie: *Acanthaceae* (Bärenklaugewächse)
Herkunft: Mittel- und Südamerika.
Beschreibung: Alle Sorten der am häufigsten vorkommenden Art *A. squarrosa* haben dekorative, weißgeäderte Blätter und große gelbe Blütenähren. Blüte zwischen April und August.
Standort: Hell, keine direkte Sonne; sehr wärmeliebend; nur im November und Dezember kühler, heller Stand.
Pflege: Sehr reichlich und regelmäßig mit temperiertem, enthärtetem Wasser gießen; im Winter trockener halten und nicht düngen; hohe Luftfeuchte, sonst braune Blattränder und Schädlingsbefall; normaler Nährstoffbedarf; kräftiger Rückschnitt nach der Blüte oder im Frühjahr.
Vermehrung: Durch Kopfstecklinge, die bei ca. 25 °C und Verdunstungsschutz bewurzeln, oder Abmoosen.
Krankheiten und Schädlinge: Laubfall bei Ballentrockenheit; Schild- und Wolläuse, Spinnmilben und Blattläuse bei trockener Luft.
Bemerkungen: Buschige Pflanzen bekommt man durch Stutzen des Haupttriebes. Die Blütenstände bleiben dann jedoch kleiner.

Asparagus
Zierspargel
Familie: *Liliaceae* (Liliengewächse)
Herkunft: Wärmere Zonen aller Erdteile.

Zierspargel

Beschreibung: Pflegeleichte Pflanze für Zimmergärtner mit wenig Erfahrung. Bekannteste, auch als Bindegrün beliebte Sorte ist *A. densiflorus* 'Sprengeri' mit feinen „Blättchen";

Glanzkölbchen

A. falcatus gewinnt heute zunehmend an Beliebtheit. Der Zierspargel hat schmale bis nadelfeine Zweige, sog. Scheinblätter, die oft fälschlicherweise als Blätter bezeichnet werden.

Standort: Hell, ohne direkte Sonne; *A. densiflorus* verträgt nach Abhärtung auch Sonne und ist für Balkonbepflanzung geeignet. Zimmertemperatur, warm oder kühl überwintern; Ausnahme: Federspargel *(A. setaceus)* bei 10 °C überwintern; keine Ruhezeit.

Pflege: Im Sommer reichlich gießen

und düngen; Ballen des öfteren in Wasser tauchen, Ballentrockenheit und dunklen Stand vermeiden.
Vermehrung: Durch Teilung oder Aussaat.
Krankheiten und Schädlinge: Vergilben und Rieseln der Scheinblätter bei Ballen- und Lufttrockenheit; Spinnmilben, Schildläuse und Blattläuse bei zu viel Wärme.

TIP
Ist der Zierspargel vertrocknet, schneide ich ihn bis dicht über der Erde zurück. Eventuell treibt er bei feuchter Luft erneut aus.

Begonia
Schiefblatt, Begonie
Familie: *Begoniaceae* (Schiefblattgewächse)
Herkunft: Regenwälder Asiens, Afrikas und Amerikas.
Beschreibung: Riesengattung von Blüten- und Blattpflanzen, die alle ungleichseitige (schiefe!) Blätter haben. Zu den Blütenpflanzen zählen die Knollenbegonien (typische Balkonpflanzen mit Blüte im Frühsommer und Überwinterung der Knollen), die immerblühenden Begonien (*B. semperflo-*

Begonien

rens, einjährig und meist für Beetbepflanzungen) sowie die Lorraine-Begonien und Elatior-Begonien (mit Blüte im Winter, keine Weiterkultur, Foto S. 122). Bekannteste Blattbegonie ist die Königs- oder Rexbegonie *(B. rex).*

Standort: Blütenbegonien halbschattig bis schattig mit Ausnahme der sonnenliebenden Semperflorens-Begonie; Elatior- und Lorraine-Begonien nicht zu warm; Knollen der Knollenbegonie bei 10 °C in Torfmull überwintern; Blattbegonien hell, ohne direkte Sonne, Zimmertemperatur, auch im Winter.

Pflege: Alle Begonien verlangen hohe Luftfeuchte. Pflanzen nicht besprühen, sonst Blatt- sowie Blütenflecken und Pilzbefall; regelmäßig und reichlich mit temperiertem, enthärtetem Wasser gießen; Benetzen von Stengeln, Blüten und Blättern sowie Staunässe vermeiden; normaler Nährstoffbedarf; mäßige Düngung während Blüte- und Hauptwachstumszeit.

Vermehrung: *B. semperflorens* durch Aussaat und Stecklinge; Lorraine- und Elatior-Begonien durch Stecklinge; Knollenbegonien durch Teilung der angetriebenen Knollen; Blattbegonien durch Blattsprosse (Zeichnung S. 54 f.).

Krankheiten und Schädlinge: Abfallen von Blüten bei trockener Luft; Echter Mehltau, Grauschimmel, Thripse, Weichhautmilben, Spinnmilben.

Bemerkungen: Regelmäßiges Entfernen welker Blüten und abgestorbener Pflanzenteile hilft Pilzbefall vorbeugen.

Pflanzen wachsen gesünder, wenn man die welken Blätter entfernt.

Bougainvillea

Bougainvillee

Familie: *Nyctaginaceae* (Wunderblumengewächse)

Herkunft: Brasilien.

Beschreibung: Die zierliche Blütenpracht südlicher Länder ist im Zimmer nicht einfach zu kultivieren. Die empfindliche Pflanze mit ihren unscheinbaren Blüten und farbenprächtigen Hochblättern gedeiht am besten im Wintergarten.

Standort: Vollsonnig, mit viel Frischluft im Zimmer oder Wintergarten bzw. an geschütztem Platz im Freien; sehr wärmebedürftig; kälteempfindlich; naßkalte, sonnenarme Sommer führen zu Blüten- und Blattfall; Winterruhe bei 10–12 °C (mit Laubfall) Voraussetzung für Blühwilligkeit.

Pflege: Im Sommer reichlich und regelmäßig gießen; hoher Nährstoffbedarf; im Winter während Ruhephase sehr wenig gießen und nicht düngen; kräf-

Bougainvillee

tiger Rückschnitt nach der Blüte oder vor dem erneuten Austrieb im Februar.
Vermehrung: Stecklingsvermehrung nur bei 30–35 °C Bodentemperatur.
Krankheiten und Schädlinge: Bei Ballentrockenheit und Lichtmangel Abfallen von Blättern und Blüten; bei Nährstoffmangel und Staunässe gelbe Blätter; Echter Mehltau, Schild- und Wolläuse, Weiße Fliege.

TIP
Wenn die Bougainvillee Knospen angesetzt hat oder bereits blüht, wechsle ich ihren Standort nicht mehr, da die Pflanze sonst Knospen und Blüten abwirft.

Bromeliaceae
Bromelien, Ananasgewächse
Herkunft: Tropisches Mittel- und Südamerika.
Beschreibung: Neben erdbewohnenden Arten zahlreiche Aufsitzerpflanzen *(Epiphyten)* mit vielfach rosettenartigem Wuchs, grünen, silbergrauen oder buntgezeichneten Blättern und farbenprächtigen Blüten. Bromelien können Wasser und Nährstoffe über ihre mit Saugschuppen besetzten Blätter aufnehmen; häufig bilden die Blätter Trichter oder Zisternen als Auffanggefäße. Beliebte Gattungen als Zimmerpflanzen: *Aechmea* (Lanzenrosette), *Guzmania* (Guzmanie), *Tillandsia* (Tillandsie), *Vriesea* (Flammendes Schwert).
Standort: Hell und sonnig, aber vor praller Sonne schützen; *Vriesea* und *Guzmania* bevorzugen lichten Schatten; ganzjährig Zimmertemperatur; zahlreiche Arten im Winter nicht unter 16–19 °C.
Pflege: Temperiertes, enthärtetes Wasser; geringer Wasser- und Nährstoffbedarf; gleichmäßige Bodenfeuchte; während der Wachstumszeit auch Blatttrichter mit Wasser füllen; bei Wärme für höhere Luftfeuchte sorgen; Spezial-Bromelienerde.
Vermehrung: Durch Kindel.
Krankheiten und Schädlinge: Fäulnis der Herzblätter bei zu kühlem Stand; Schild- und Wolläuse.
Bemerkungen: Bromelien sind besonders dekorative Gewächse für die Bepflanzung von Epiphytenstämmen, Aststücken oder Orchideenkörben.

Brunfelsia
Brunfelsie
Familie: *Solanaceae* (Nachtschattengewächse)
Herkunft: Mittel- und Südamerika.
Beschreibung: Nur eine Art als Zimmerpflanze: *B. pauciflora* var. *calycina* (Foto S. 10) mit strauchartigem Wuchs, dunkelgrünen lederartigen Blättern und vielen großen Blüten von März bis September, bei guter Pflege fast ganzjährig.
Standort: Hell bis halbschattig, ohne direkte Sonne; Zimmertemperatur; von Oktober bis Januar etwas kühlerer Stand; sehr empfindlich gegen Temperaturschwankungen.

Die Herzblätter der Bromelien faulen leicht, wenn der Standort zu kalt ist.

Pflege: Gleichmäßig feucht halten; hohe Luftfeuchte; normaler Nährstoffbedarf; im Winter wenig gießen und nicht düngen; bei Bedarf umtopfen in flache Töpfe; zu tief gepflanzte Brunfelsien blühen schlecht.
Vermehrung: Durch Stecklinge von unverholzten Trieben, Anwendung von Bewurzelungspulver ratsam.
Krankheiten und Schädlinge: Blattvergilbungen durch zu pralle Sonne oder zu kalkhaltiges Wasser; Blattläuse und Spinnmilben bei trockener Luft oder zu warmem Stand.

TIP
Brunfelsien schießen gern in die Höhe und verkahlen von unten. Deshalb schneide ich sie jährlich nach der Blüte zurück.

Cactaceae
Kakteen
Herkunft: Meist aus Wüstengebieten Amerikas, Afrikas und Australiens.
Beschreibung: Sehr artenreiche Familie, deren Vertreter säulen- oder kugelförmige, flache bis leicht kantige oder andersgeformte Sprosse, häufig zurückgebildete Blätter und ein fleischiges Gewebe besitzen, mit dem sie Wasser für Trockenzeiten speichern können (Foto S. 36 u. 90).
Standort: Sonnig und luftig; nach Übergangszeit Winterruhe an hellem, kühlem Standort.
Pflege: Im Sommer kräftig gießen, sobald die Erde abgetrocknet ist, aber Ballentrockenheit vermeiden; im Winter fast nie wässern (Trockenruhe!); während der Wachstumszeit mit stickstoffarmem Volldünger oder Kakteendünger düngen; umtopfen nach Bedarf (selten!) in lockere, sandige Kakteenerde.
Die Ansprüche einzelner Kakteenarten können aufgrund ihrer geographischen Herkunft von den vorher genannten Pflegeempfehlungen für die meisten Kakteen abweichen.
Der Weihnachtskaktus *(Zygocactus)* und der Osterkaktus *(Rhipsalidopsis)* lieben beispielsweise als Aufsitzerpflanzen der brasilianischen Tropenwälder humose, kalkarme Erde, entkalktes Wasser, hohe Luft- und Bodenfeuchte und einen halbschattigen Standort ohne direkte Sonne. Bei diesen Arten muß ein Austrocknen des Topfballens unbedingt vermieden werden; Pflege auf Blühtermin abstimmen; kühlere Temperatur und sparsames Gießen und Düngen nach Wachstumszeit bis zum Knospenansatz.
Vermehrung: Je nach Art durch Teilen, Aussaat oder durch Seitensprosse möglich.
Krankheiten und Schädlinge: Wolläuse und Spinnmilben bei Trockenheit im Sommer; Fäulnis durch Nässe und Wärme im Winter.

Kakteen erfreuen immer wieder durch ihren Artenreichtum.

Campanula
Glockenblume
Familie: *Campanulaceae* (Glockenblumengewächse)
Herkunft: Kalkgebirge des Mittelmeerraumes.
Beschreibung: Reichblühende Ampelpflanze. Im Handel zwei Arten: *C. fragilis* mit hellblauen Blüten und *C. isophylla* mit den schönsten Sorten 'Mayi' (Foto S. 11) mit blauen sternförmigen Blüten und 'Alba' mit weißen.

Glockenblumen wollen behutsam behandelt werden.

Standort: Hell und luftig, ohne direkte Sonne; im Sommer auch geschützter Platz im Freien; sehr frostempfindlich; Ruhezeit von September bis Februar bei hellem, kühlem Stand unter 10 °C.
Pflege: Während der Wachstums- und Blütezeit gleichmäßig feucht halten und regelmäßig düngen; kalkhaltiges Wasser wird vertragen; Ballentrockenheit vermeiden; Rückschnitt im Frühjahr.
Vermehrung: Durch Teilung, Aussaat oder Stecklinge.
Krankheiten und Schädlinge: Blattfleckenpilze bei zu feuchtem und dichtem Stand; Spinnmilben und Thripse bei zu viel Wärme.
Bemerkungen: Die Glockenblume ist für sanften Umgang dankbar, da ihre Triebe sehr brüchig sind.

Ceropegia
Leuchterblume
Familie: *Asclepiadaceae* (Seidenpflanzengewächse)
Herkunft: Tropen, vor allem Südostasien und Südafrika.
Beschreibung: Anspruchslose Ampelpflanze mit fadendünnen Sprossen, paarweise angeordneten herzförmigen Blättern, kleinen Knöllchen an den Blattknoten und unscheinbaren, fleischfarbenen Lampionblüten.
Standort: Hell und sonnig, aber auch halbschattig möglich; ganzjährig Zimmertemperatur, jedoch kühle Überwinterung günstig.

TIP
Wegen der fäulnisempfindlichen Wurzeln sollte man bei der Leuchterblume immer für eine Drainage (Tonscherbe, Kiesschicht) im Topf sorgen, um Wasserabfluß zu gewährleisten.

Leuchterblume

Pflege: Sparsam gießen und düngen; während Ruhezeit im Winter nicht düngen und sehr wenig gießen; trockene Luft wird vertragen.
Vermehrung: Durch Stecklinge, z. B. von zu lang gewordenen Trieben, und durch Abnehmen der Knöllchen, die wie Samen in ein sandiges, stets feuchtes Substrat gelegt werden.
Krankheiten und Schädlinge: Bei zu reichlichem Gießen leichtes Faulen der empfindlichen Wurzeln; sonst sehr robuste Pflanze.

Chlorophytum
Grünlilie
Familie: *Liliaceae* (Liliengewächse)
Herkunft: Weltweit; *C. comosum* aus Südafrika.
Beschreibung: Problemlose Pflanze für unerfahrene Zimmergärtner; auch ideale Büropflanze, da unregelmäßiges Gießen nicht schadet. Meist kultivierte Art: *C. comosum* mit der weißgrün gestreiften Sorte 'Variegata'.
Standort: Wächst fast überall, mit viel oder wenig Sonne, warmen oder kühleren Temperaturen; trockene Luft wird vertragen, jedoch gelegentliches Besprühen im Sommer vorteilhaft.
Pflege: Im Sommer reichlich gießen und mäßig düngen; im Winter je nach Standorttemperatur mehr oder weniger gießen; Staunässe vermeiden; in breite, nicht zu tiefe Töpfe umtopfen, sobald die Wurzeln den Ballen im Topf hochdrücken.
Vermehrung: Durch Ausläuferpflänzchen, die in Wasser oder Erde schnell Wurzeln bilden.
Krankheiten und Schädlinge: Braune Blattspitzen bei Ballentrockenheit; Wurzelfäule durch Staunässe; Abknicken der Blätter durch Düngung im Winter bei warmen Temperaturen sowie Licht- und Luftmangel.

Grünlilie

TIP
Die Klimme ist für alle möglichen Bepflanzungsarten geeignet, von der Ampel bis zum Raumteiler. Verkahlt sie, schneide ich sie einfach zurück.

Bemerkungen: Die Blätter der Grünlilie werden gern von Vögeln und Katzen abgefressen, daher Übersommern im Freien ungünstig.

Cissus
Klimme, Zimmerwein
Familie: *Vitaceae* (Rebengewächse)
Herkunft: Fast alle tropischen Gebiete der Erde.
Beschreibung: Kletterpflanzen mit efeuähnlichem Wuchs, aber auch sukkulenten Vertretern. Bekannteste Zimmerweine: *C. antarctica* (Känguruhwein oder Russischer Wein) mit grob gesägten Blättern und *C. rhombifolia* (Rautenblättrige Klimme) mit dreigeteilten Blättern.

Standort: Mittelheller Stand; bei zu hellem, sonnigem Licht eckige, glasige bis gelblichbraune Blattflecken und Laubfall; *C. rhombifolia* verträgt auch schattigen Stand; für Übersommern im Freien nicht geeignet; Zimmertempe-

Königswein oder Rautenblättrige Klimme

ratur; warme und kühlere Überwinterung möglich.
Pflege: Regelmäßig gießen; Staunässe, besonders im Winter unbedingt vermeiden; keine torfhaltigen Substrate verwenden, normaler Nährstoffbedarf.
Vermehrung: Durch Kopfstecklinge.
Krankheiten und Schädlinge: Spinnmilben, Schildläuse, Echter Mehltau.

Citrus
Orangenbäumchen
Familie: *Rutaceae* (Rautengewächse)
Herkunft: Ostasien.
Beschreibung: Beliebte Zwergzüchtung der Zitrusgewächse ist die Zwergapfelsine oder Kalamondine (*C. microcarpa* Foto S. 25) mit Hauptblüte im Winter; doch häufig ganzjährig zu gleicher Zeit die bittersüß duftenden Blüten und Früchte.
Standort: Hell, sonnig und sehr luftig; über Sommer am besten im Freien; im Winter hell und sehr kühl (4–6 °C).
Pflege: Im Sommer reichlich gießen und düngen; im Winter nicht düngen und sehr wenig gießen; enthärtetes Wasser; bei Bedarf umtopfen in saures, humoses, durchlässiges Substrat; Tonscherben als Drainage; buschiger Wuchs durch Stutzen der Triebspitzen; bei zu dichtem oder einseitigem Wuchs Rückschnitt im Frühjahr, dann aber weniger Blüten.
Vermehrung: Durch Abmoosen und Stecklinge; Bewurzelung bei hoher Luftfeuchte und 25 °C Bodentemperatur.
Krankheiten und Schädlinge: Spinnmilben, Schildläuse.

TIP
Aus Apfelsinen-, Mandarinen-, Zitronen- oder Grapefruitkernen gezogene Wildlinge wachsen zu sperrigen Pflanzen heran, die kaum zum Blühen oder Fruchten kommen. Sie müssen genauso wie Apfel- oder Birnensämlinge veredelt werden.

Clivia
Klivie
Familie: *Amaryllidaceae* (Amaryllisgewächse)
Herkunft: Südafrika.
Beschreibung: Keine echte Zwiebelblume, sondern Staude mit dunkelgrünen, stets paarigen, riemenförmigen Blättern und doldenartiger Blüte im Frühjahr (Foto S. 41).
Standort: Hell, ohne direkte Sonne; wegen Verträglichkeit von wenig Licht und schlechter Luft beliebte Gaststättenpflanze; Zimmertemperatur; wäh-

Klivien benötigen besondere Pflege, wie z. B. das Entfernen möglicher Samenkapseln.

rend Ruheperiode im Winter kühl; Pflanze niemals drehen (Lichtmarke!).
Pflege: Im Sommer reichlich gießen; während Ruheperiode möglichst trokken halten; empfindlich gegen Staunässe; von Februar bis Juli düngen; normaler Nährstoffbedarf; umtopfen bei Bedarf nach der Blüte.
Vermehrung: Durch Kindel mit mindestens vier bis fünf Blättern.
Krankheiten und Schädlinge: Schlechte Blühwilligkeit bei mangelnder Ruhezeit; Schild- und Wolläuse bei warmer Überwinterung.
Bemerkungen: Nach der Blüte erscheinende Samenkapseln sollen mit einem scharfen Messer entfernt werden, da sie der Pflanze unnötig Kraft entziehen.

Codiaeum
Kroton, Wunderstrauch
Familie: *Euphorbiaceae* (Wolfsmilchgewächse)
Herkunft: Indien, Malaysia.
Beschreibung: Durch Kreuzungen ungezählte Sorten mit unterschiedlichen Blattformen, -mustern und -farben.
Standort: Hell und sonnig mit Schutz vor Mittagssonne am Südfenster; bei Lichtmangel Verblassen der bunten Blätter; Zimmertemperatur; nie unter 16 °C, sonst Laubfall; Zugluft und Temperaturschwankungen vermeiden.
Pflege: Von März bis August reichlich gießen; Staunässe, Luft- und Ballentrockenheit vermeiden; trockene Luft führt zu Blattfall und Verkahlen von unten; normaler Nährstoffbedarf.

Kroton oder Wunderstrauch

Vermehrung: Durch Stecklinge; Bewurzelung nur bei Temperaturen um 30 °C und hoher Luftfeuchte im feuchten Torf-Sand-Gemisch.

TIP
Wenn ich bei dieser Pflanzenfamilie Stecklinge schneide, tritt weißer Milchsaft aus. Diesen Milchfluß stoppe ich durch Eintauchen der Schnittstellen in handwarmes Wasser.

Krankheiten und Schädlinge: Spinnmilben, Thripse und Schildläuse.

Der Wunderstrauch enthält hautreizenden Milchsaft.

Coleus
Buntnessel
Familie: *Labiatae* (Lippenblütler)
Herkunft: Tropisches Asien und Afrika.
Beschreibung: Farbenprächtige Blattpflanze (Foto S. 115) mit wenig auffallenden Blüten; nach Überwinterung meist sparriger Wuchs und Verkahlen von unten im zweiten Jahr, deshalb jährliche Anzucht neuer Pflanzen aus Stecklingen ratsam; in Zimmerkultur fast nur *Coleus-Blumei*-Hybriden.
Standort: Sehr hell und sonnig, nur vor praller Mittagssonne schützen; bei Lichtmangel blasse Blattfärbung und Vergrünen der Blätter; sehr hell und warm überwintern.
Pflege: Regelmäßig und reichlich mit enthärtetem Wasser gießen; Ballentrockenheit unbedingt vermeiden; bei Wärme Luftfeuchte erhöhen; kalkfreie Erde, z. B. Torfkultursubstrat; normaler Nährstoffbedarf.
Vermehrung: Durch Kopfstecklinge.
Krankheiten und Schädlinge: Blattläuse, Spinnmilben, Schmierläuse, Weiße Fliege.
Bemerkungen: Blütenansätze bunter Blattpflanzen werden am besten ausgekniffen, da die Blüten weniger hübsch sind und sparrigen Wuchs fördern.

Columnea
Kolumnee, Rachenrebe
Familie: *Gesneriaceae* (Gesneriengewächse)
Herkunft: Regenwälder Mittelamerikas.
Beschreibung: Ampelpflanze mit herabhängenden Trieben.
Standort: Hell bis halbschattig, ohne direkte Sonne; während der Wachstumszeit nicht unter 18 °C, kühlerer Platz im Herbst und Winter, sonst nur sehr wenig Blüten.

TIP
Ein Rückschnitt nach der Blüte fördert die Verzweigung und Blühfreudigkeit im nächsten Jahr.

Pflege: Mit temperiertem, enthärtetem Wasser gießen; hohe Luftfeuchte; Benetzung von Blättern und Blüten vermeiden; normaler Nährstoffbedarf; vor Zugluft schützen, sonst Laubfall.
Vermehrung: Durch Kopfstecklinge.
Krankheiten und Schädlinge: Abfallen

Columnee

von Knospen bei trockener Luft; Blattfall bei Staunässe; Blattflecken bei direkter Sonne, Benetzung und zu kaltem Gießwasser; Blattläuse, Thripse, Weichhautmilben.

Crassula
Geldbaum, Dickblatt
Familie: *Crassulaceae* (Dickblattgewächse)
Herkunft: Trockengebiete Südafrikas.
Beschreibung: Anspruchslose und sehr pflegeleichte Sukkulente mit strauchartigem Wuchs.
Standort: Luftig und sonnig, am Südfenster Schutz vor praller Mittagssonne; ab Ende Mai geschützter Platz im Freien vorteilhaft; hell und kühl überwintern, keinesfalls in beheiztem Wohnraum, sonst leicht Schädlingsbefall.
Pflege: Sparsam gießen; geringer Nährstoffbedarf; während Ruhezeit nicht düngen und kaum gießen; sandige humose Erde; Drainage am Topfboden wichtig.
Vermehrung: Durch Kopf- oder Blattstecklinge.
Krankheiten und Schädlinge: Wurzelfäule bei zu häufigem Gießen; Geilwuchs, Blattfall, Blattläuse, Wolläuse und Thripse bei zu warmer Überwinterung.
Bemerkungen: Die Schnittflächen der Stecklinge müssen vor dem Stecken einige Stunden abtrocknen.

Crossandra
Crossandre
Familie: *Acanthaceae* (Bärenklaugewächse)
Herkunft: Lichte Waldgebiete Indiens.
Beschreibung: Krautige Pflanze mit hübschen lachsrosa Blüten; häufigste Art in Zimmerkultur: *C. infundibuliformis.*
Standort: Hell bis halbschattig, ohne direkte Sonne; wärmeliebend; ganzjährig nicht unter 18 °C; kalten Fuß

Geld- oder Pfennigbaum

Crossandre

vermeiden; für Übersommern im Freien nicht geeignet.
Pflege: Hohe Luftfeuchte, sonst Blattrollen und verminderte Blühwilligkeit; Benetzung der Blüten unbedingt vermeiden; temperiertes, enthärtetes Wasser; im Winter sparsam gießen; Ballentrockenheit vermeiden; normaler Nährstoffbedarf; umtopfen bei Bedarf vor der Blüte im Frühjahr.
Vermehrung: Durch Stecklinge und aus selbstgezogenen Samen.

TIP
Selbstvermehrte Pflanzen und unansehnlich gewordene, ältere Exemplare stutze ich regelmäßig, damit sie sich besser verzweigen.

Krankheiten und Schädlinge: Spinnmilben und Weiße Fliege bei trockener Luft.

Cyclamen
Alpenveilchen
Familie: *Primulaceae* (Primelgewächse)
Herkunft: Kühle Gebirgsregionen, besonders Türkei und Griechenland.
Beschreibung: Eine der beliebtesten

Bubikopf (links), Alpenveilchen (Mitte) und Zimmerprimel (rechts)

Topfpflanzen mit unzähligen Züchtungen der Art *C. persicum* (Foto S. 58/59): Sorten mit glatten, kräuseligen oder gewellten Blütenrändern, ein- und zweifarbigen, weißen, rosafarbenen, roten oder violetten Blüten; auch Mini-Cyclamen und Duftalpenveilchen.
Standort: Kühl und nicht sonnig, aber hell; optimale Wintertemperatur 10–12 °C; bei sonnigem, warmem Stand schnelles Absterben der Pflanze; Übersommern an hellem, schattigem Platz im Freien günstig.
Pflege: Während der Blüte reichlich mit temperiertem, enthärtetem Wasser gießen; Knolle und Blüten nie benetzen, sonst Fäulnis; am besten über Untersatz gießen und restliches Wasser nach ca. 30 Minuten abgießen; hohe Luftfeuchte; Blüten nie besprühen, sonst Flecken; düngen während der Blüte mäßig, während Blatt- und Knollenwachstum reichlich.
Vermehrung: Durch Aussaat.
Krankheiten und Schädlinge: Blattvergilbungen und Vertrocknen der Blüten bei zu warmem Stand im Winter; Grauschimmel, Weichhautmilben, Dickmaulrüßler, Blattläuse, Spinnmilben; bei einseitigem Vergilben und Welken (pilzliche Cyclamenwelke) Pflanze mit Erde vernichten.
Bemerkungen: Welke Stiele und schlechte Blätter nie abschneiden, sondern regelmäßig am Stengelgrund ausreißen, um Fäulnis der Knolle zu vermeiden.

Welke Stiele und Blätter sollten beim Alpenveilchen ausgerissen werden.

Cyperus
Zypergras
Familie: *Cyperaceae* (Ried- oder Sauergräser)
Herkunft: Sumpfgebiete tropischer, subtropischer und gemäßigter Zonen.
Beschreibung: Beliebte Graspflanze mit schlankem, elegantem Wuchs, die vielseitig als Topfpflanze, Aquariumspflanze oder über Sommer als Freilandpflanze im Sumpfbeet zu verwenden ist. Häufigste Art als Zimmerpflanze: *C. alternifolius.*
Standort: Anspruchslos; heller Stand ideal; verträgt auch sonnigen oder schattigen Platz; Übersommern im Freien möglich; ganzjährig Wärme bis 25 °C; im Winter etwas kühlere Temperaturen vorteilhaft, jedoch keinesfalls unter 10–12 °C.
Pflege: Braucht als Sumpfpflanze ständig Wasser im Untersatz; nur die Art *C. diffusus* mit breiten Blättern und niedrigem Wuchs sollte wie „normale“ Zimmerpflanzen trockener gehalten werden, da bei nassem Fuß die Blätter vergilben; normaler Nährstoffbedarf.
Vermehrung: Durch Teilung oder aus abgeschnittenen Blattschöpfen.
Krankheiten und Schädlinge: Braune Blattspitzen durch zu trockene Luft oder zu kalkhaltiges Gießwasser; Ab-

So einfach ist es, vom Zypergras Nachkommen großzuziehen.

Zypergras

knicken von Halmen bei übermäßiger Düngung; Schild- und Wolläuse sowie Spinnmilben bei zu trockener Luft und warmem Stand im Winter.

TIP
Bei Wärme und trockener Luft sprühe ich häufig mit Wasser, um trockene Blattspitzen zu vermeiden.

Dieffenbachia
Dieffenbachie
Familie: *Araceae* (Aronstabgewächse)
Herkunft: Regenwälder Mittel- und Südamerikas.
Beschreibung: Blattpflanze mit verschieden gezeichneten, meist weißgelben Blättern und einer Wuchshöhe je nach Art zwischen 50 und 150 cm.
Standort: Halbschattig, ohne direkte Sonne; die grünblättrige Art *D. humilis* auch schattenverträglich; wärmeliebend; im Winter nie unter 15 °C; für Bodenwärme sorgen.
Pflege: Hohe Luftfeuchte; reichlich gießen mit temperiertem, enthärtetem Wasser; gleichmäßige Bodenfeuchte; Zugluft vermeiden; normaler Nährstoffbedarf; während lichtarmer Jahreszeit nicht düngen und sparsam gießen; bei Rückschnitt von unten verkahlter Pflanzen auf ca. 10 cm williger Neuaustrieb.
Vermehrung: Durch Kopfstecklinge oder Bewurzelung von Stammstücken mit Triebknospen in feuchtem Torf bei hoher Bodenwärme.
Krankheiten und Schädlinge: Absterben unterer Blätter bei älteren Pflanzen normal; braune Blattränder und -spitzen bei Ballentrockenheit oder trockener Luft; glasige Blattstiele und Naßfäule der Blätter durch nicht bekämpfbare Bakterienkrankheit; Thripse, Spinnmilben, Schild- und Wolläuse.

TIP
Da alle Pflanzenteile der Dieffenbachie giftig sind und der Pflanzensaft Hautreizungen hervorrufen kann, sollten diese Pflanzen immer außerhalb der Reichweite von Kindern und Haustieren stehen.

Dieffenbachie

Dracaena
Drachenbaum, Drazäne
Familie: *Agavaceae* (Agavengewächse)
Herkunft: Tropen und Subtropen Asiens und Afrikas.
Beschreibung: Robuste und pflegeleichte Blattpflanze mit breiten oder schmalen, aufrechten oder überhängenden, grünen, buntgestreiften oder gefleckten Blättern und unterschiedlichem Wuchs mit oder ohne Stamm; zahlreiche Arten mit unterschiedlichen Pflegeansprüchen.
Standort: Hell bis halbschattig; Schutz vor praller Sonne; *D. marginata* verträgt auch Schatten, Zimmertemperatur; buntblättrige Züchtungen ganzjährig im Zimmer halten; Überwinterungstemperatur nicht unter 15–18 °C.
Pflege: Hohe Luftfeuchte; mäßig gießen; Ballentrockenheit und Zugluft vermeiden; normaler Nährstoffbedarf.
Vermehrung: Durch Trieb- und Stammstecklinge sowie Abmoosen; *D. draco* auch aus Samen.
Krankheiten und Schädlinge: Braune

Man muß schon genau die Wurzeln betrachten, um Drachenbaum und Keulenlilie auseinander zu halten.

Drachenbaum

Blattspitzen bei Ballentrockenheit, Zugluft und niedriger Luftfeuchte; Spinnmilben, Thripse, Schild- und Wolläuse.
Bemerkungen: Der Drachenbaum wird häufig mit der nah verwandten Keulenlilie *(Cordyline)* verwechselt. Sicheres Unterscheidungsmerkmal ist die Farbe der Wurzeln. Die Keulenlilie hat weiße, die Drazäne dagegen orangegelbe Wurzeln.

Epipremnum
Efeutute
Familie: *Araceae* (Aronstabgewächse)
Herkunft: Indonesien.
Beschreibung: Robuste Ampel- oder Kletterpflanze mit bis zu meterlangen Ranken und herzförmigen, unregelmäßig gestreiften oder gefleckten Blättern. Häufiger Namenswechsel der Goldgefleckten Efeutute *Epipremnum aureum* (früher *Scindapsus aureus, Rhaphidophora aurea*). Beliebte Zuchtform die weißgefleckte Sorte 'Marble Queen' mit langsamem Wuchs.
Standort: Halbschattig bis schattig,

TIP
Den Namen Efeutute trägt auch ein verwandtes Aronstabgewächs, *Scindapsus pictus,* mit gleichem Wuchs, jedoch mit weißen oder silbrigen Blattflecken. Diese Blattpflanze ist wärmebedürftiger, empfindlicher und liebt eine höhere Luftfeuchte.

Efeutute

keine direkte Sonne; ganzjährig im geschlossenen Zimmer; im Winter kühler Stand vorteilhaft, jedoch Überwintern in beheiztem Raum möglich.
Pflege: Mäßig gießen; Ballentrocken-

heit und Staunässe werden kurzfristig vertragen; normaler Nährstoffbedarf.
Vermehrung: Durch Stecklinge; Bewurzelung schon in Wasser.
Krankheiten und Schädlinge: Blattrollen bei zu trockener Luft; Schädlinge selten.

Euphorbia milii
Christusdorn
Familie: *Euphorbiaceae* (Wolfsmilchgewächse)
Herkunft: Madagaskar.
Beschreibung: Strauchartig wachsende, sukkulente Zimmerpflanze, die aufgrund ihres Blütenreichtums, ihrer nahezu pausenlosen Blüte und der fast unbegrenzten Lebensdauer sehr beliebt ist. Die unscheinbaren Blüten sind von meist kräftig roten, seltener auch gelben oder rosafarbenen Hochblättern umgeben.
Standort: Volle Sonne, viel Wärme und trockene Luft; auch im Winter sehr wärme- und lichtbedürftig; warme Bodentemperaturen wichtig; Übersommern im Freien nur an sehr geschütztem Ort und mit eingesenktem Topf möglich.
Pflege: Ständiges Blühen und sonniger, warmer Stand verlangen regelmäßiges Gießen, im Winter jedoch etwas weniger; von April bis September mit Kakteendünger mäßig düngen; jüngere Pflanzen nach Bedarf alle ein bis zwei Jahre, ältere Pflanzen seltener umtopfen.
Vermehrung: Durch Stecklinge aus älteren, festeren Triebstücken; Milchsaftfluß durch Eintauchen der Schnittstellen in warmes Wasser stoppen; Schnittfläche einen Tag abtrocknen lassen, Bewurzelung in Kakteenerde.
Krankheiten und Schädlinge: Laubfall im Winter durch zu kühlen Stand mit kaltem Fuß und/oder zu reichliches Gießen; Pflanzenschutzprobleme selten.
Bemerkungen: Der Wolfsmilchsaft ist wie bei allen Euphorbien giftig. Deshalb ist es ratsam, beim Umtopfen und Stecklingsschnitt Handschuhe zu tragen.

Christusdorn

Weiße Weihnachtssterne harmonieren gut mit Efeu.

Euphorbia pulcherrima
Weihnachtsstern, Poinsettie
Familie: *Euphorbiaceae* (Wolfsmilchgewächse)
Herkunft: Mexiko.
Beschreibung: Relativ pflegeleichte Zimmerpflanze mit Blüte zur Adventszeit. Unscheinbare Wolfsmilchblüten von feuerroten, lachsrosa oder gelblichweißen Hochblättern umgeben.
Standort: Hell, ohne direkte Sonne; im Winter ca. 18–20 °C; blühende Pflanzen nicht zu warm stellen, sonst Laubfall und schnelles Verblühen; Zugluft und stauende Wärme vermeiden; im Sommer geschützter Platz im Freien möglich.
Pflege: Gleichmäßig feucht halten; Blattfall bei Ballentrockenheit; Staunässe vermeiden; während Ruhezeit von Januar bis April sehr wenig gießen; normaler Nährstoffbedarf, Rückschnitt nach der Blüte auf ca. 15 cm.
Vermehrung: Durch Stecklinge aus Triebspitzen im Sommer; Milchsaftfluß durch Eintauchen der Schnittstellen in handwarmes Wasser stoppen.

TIP
Wenn der Weihnachtsstern pünktlich zum Advent wieder blühen soll, muß er ab Ende September/Anfang Oktober etwa acht Wochen lang täglich 14 Stunden in völliger Dunkelheit stehen (Kurztagspflanze). Zur Verdunkelung benutze ich Eimer oder Kartons.

Krankheiten und Schädlinge: Weiße Fliege, Blattläuse, Spinnmilben.

Fatsia
Zimmeraralie
Familie: *Araliaceae* (Araliengewächse)
Herkunft: Japan.
Beschreibung: Pflegeleichte, dekorative Blattpflanze mit handförmigen großen Blättern; Gattung mit nur einer Art: *F. japonica.*

Die Aralie liebt saubere Blätter.

Standort: Ganzjährig heller, kühler Stand, auch an schattigem Platz im Zimmer; Übersommern an geschütztem Platz im Freien möglich; liebt frische Luft, jedoch Zugluft vermeiden; kühle Überwinterung bei 6–8 °C (buntlaubige etwas wärmer) vorteilhaft; ideale Treppenhauspflanze.

Die Zimmeraralie hat auffällig geformte Blätter.

Pflege: Reichlich gießen, im Winter je nach Temperatur weniger; Ballentrockenheit und Staunässe vermeiden; bei höheren Temperaturen für Luftfeuchte sorgen; normaler Nährstoffbedarf.
Vermehrung: Durch Aussaat; bei Stecklingsvermehrung oft weniger schöner Wuchs.
Krankheiten und Schädlinge: Weichhautmilben und Thripse bei zuviel Wärme und trockener Luft.
Bemerkungen: Die Aralie ist für ein gelegentliches Entstauben der großen Blätter mit einem feuchten Tuch dankbar.

Ficus benjamina
Birkenfeige
Familie: *Moraceae* (Maulbeergewächse)
Herkunft: Süd- und Südostasien, besonders Indien.
Beschreibung: Kleinblättrige Gummi-

Birkenfeige

baumart mit zierlichen grünen oder weißgefleckten Blättern, leicht gebogenen Zweigen und strauchartigem Wuchs; natürlicher Teil-Laubfall im Winter.
Standort: Sehr viel Licht, aber keine pralle Sonne; ganzjährig gleichmäßig warme Umgebung; etwas kühlere Überwinterung vorteilhaft; bei Lichtmangel, Zugluft, plötzlichen Temperaturschwankungen und Standortwechsel Blattvergilbungen und/oder Blattfall; buntlaubige Sorten besonders empfindlich.
Pflege: Im Frühjahr und Sommer reichlich gießen; Staunässe und Ballentrockenheit unbedingt vermeiden, sonst Laubfall; mäßige Luftfeuchte; normaler Nährstoffbedarf.
Vermehrung: Durch Stecklinge.

TIP
Die Änderung der Lichteinfallsrichtung kann zu Blattfall führen. Ich markiere mir am Topf den Stand mit Strichen oder Etiketten, den sogenannten Lichtmarken, um das Drehen der Birkenfeige zu vermeiden.

Krankheiten und Schädlinge: Schild- und Schmierläuse, Spinnmilben und Thripse bei zu trockener Luft; Spinnmilben auch bei Zugluft und zuviel Sonne.

Ficus elastica
Gummibaum
Familie: *Moraceae* (Maulbeergewächse)
Herkunft: Süd- und Südostasien.
Beschreibung: Bekannteste Gummibaumart (Foto S. 57) mit dekorativem Wuchs und breiten dunkelgrünen oder weißlich, gelb oder grau gefleckten Blättern.
Standort: Halbschattig bis hell; Schutz vor Sonne; im Winter nicht über 15–18 °C; plötzliche Temperaturschwankungen, Zugluft, zu warme Überwinterung und kalten Fuß unbedingt vermeiden.
Pflege: Gleichmäßige Bodenfeuchte; Staunässe vermeiden; bei Wärme gelegentlich sprühen; normaler Nährstoffbedarf; Verzweigung und Kronenbildung nur nach Stutzen der Triebspitze.
Vermehrung: Durch Abmoosen oder Blattstecklinge mit einer Triebknospe; Milchsaftfluß durch Eintauchen der Schnittfläche in handwarmes Wasser stoppen.
Krankheiten und Schädlinge: Bei zu nasser Erde Vergilben der Blätter und Blattfall, von unten beginnend; Schildläuse, Thripse, Spinnmilben.
Bemerkungen: Gelegentliches Entstauben der Blätter mit feuchtem Tuch ratsam; käufliche Blattglanzpräparate wirken staubabweisend und verhindern Wasserflecken. Zur Erzielung von Blattglanz niemals porenverstopfende Milch, Salatöl oder Bier verwenden.

Filicatae
Farne
Herkunft: Tropische und subtropische Wälder aller Erdteile.
Beschreibung: Die Klasse der Farne umfaßt mehr als 4000 Farn-Arten, die als Blattpflanzen keine Blüten und Samen ausbilden, sondern sich mit staubartigen Sporen vermehren. Es gibt erdbewohnende Arten und Aufsitzerpflanzen. Beliebte Gattungen als Zimmerpflanzen: *Adiantum* (Frauenhaarfarn), *Asplenium* (Nestfarn), *Blechnum* (Rippenfarn), *Nephrolepis* (Schwertfarn), *Platycerium* (Geweihfarn), *Pteris* (Saumfarn).
Standort: Halbschattig, keine direkte Sonne; *Nephrolepis*-Arten etwas lichtbedürftiger; ganzjährig Zimmertemperatur.
Pflege: Hohe Luftfeuchte; temperiertes, enthärtetes Wasser; im Sommer reichlich gießen; im Winter Wurzelballen gleichmäßig feucht halten; Staunässe vermeiden; mäßig düngen; hohe Kalk- und Salzempfindlichkeit; torfhaltige Erde.
Vermehrung: Durch Teilung oder Sporen.

TIP
Frauenhaarfarn gedeiht am besten, wenn die Wurzeln auf beengtem Raum leben müssen. Man kann deshalb auch die Wurzeln beim Umpflanzen kräftig zurückschneiden und die Pflanze wieder in den bisherigen Topf setzen.

Krankheiten und Schädlinge: Verbräunen und Vertrocknen der Fiederblättchen bei zu kühlem Stand und gleichzeitig hoher Luftfeuchte; Schild- und Wolläuse, Blattläuse.

Schwertfarn

Fuchsia
Fuchsie
Familie: *Onagraceae* (Nachtkerzengewächse)
Herkunft: Feuchtkühle Gebirgswälder von Mittel- und Südamerika bis Neuseeland.
Beschreibung: Strauchartige Gewächse mit hängenden Blüten; unzählige Züchtungen aufrecht und hängend wachsender Fuchsien mit einfach und gefüllt blühenden Sorten sowie unterschiedlichen Blütenformen und -farben.
Standort: Halbschattig bis schattig,

Fuchsie

sehr luftig; hell bei 8–10 °C überwintern; für Zimmer-, Balkon- und Gartenaufenthalt geeignet.
Pflege: Gleichmäßige Bodenfeuchte; im Winter nie völlig austrocknen lassen; für etwas Luftfeuchte sorgen; normaler Nährstoffbedarf von Februar bis August; bei Bedarf Rückschnitt im Frühjahr; Anzucht von Hochstämmchen möglich (siehe Pflegeanleitung Hibiskus S. 149).
Vermehrung: Fast ganzjährig durch Stecklinge.
Krankheiten und Schädlinge: Blattläuse, Weiße Fliege, Grauschimmel; bei orangebraun stäubendem Belag blattunterseits (Fuchsienrost) befallene Pflanzenteile entfernen.

TIP
Fuchsien sind dankbar für geschützte Standorte im Freien, da sie als Waldbodenpflanzen weder Regen noch Zugluft mögen.

Hedera
Efeu
Familie: *Araliaceae* (Araliengewächse)
Herkunft: Europa und Asien.
Beschreibung: Selbstklimmende Kletterpflanze mit Haftwurzeln; zahlreiche in Blattform und -zeichnung sehr unterschiedliche Arten und Sorten; häufig Ampelpflanzen.
Standort: Schattig bis halbschattig; buntlaubige Sorten etwas heller stellen, aber vor Sonne schützen; im Winter kühler Stand, sonst leicht Schädlingsbefall.
Pflege: Temperiertes, enthärtetes Wasser; gleichmäßige Bodenfeuchte; Staunässe und Ballentrockenheit vermeiden; während Winterruhe von Oktober bis Januar trockener halten und nicht düngen; normaler Nährstoffbedarf; Luftfeuchte durch häufiges Sprühen erhöhen.
Vermehrung: Durch Stecklinge; Bewurzelung leicht in Wasser oder Torf-Sand-Gemisch.
Krankheiten und Schädlinge: Schild-

Efeu

Efeu läßt sich leicht zurückschneiden.

läuse, Spinnmilben und Thripse bei zuviel Wärme und trockener Luft; zahlreiche Blattfleckenkrankheiten, deren Bekämpfung für Zimmergärtner problematisch ist.
Bemerkungen: Zu groß gewordene Pflanzen oder solche mit vergeilten Trieben können jederzeit zurückgeschnitten werden.

Hibiscus
Roseneibisch
Familie: *Malvaceae* (Malvengewächse)
Herkunft: Südchina und Ostindien.
Beschreibung: Beliebte Topf- und Kübelpflanze mit strauchartigem Wuchs, glänzendgrünen Blättern und auffallend großen, trichterförmigen, ungefüllten, halbgefüllten oder gefüllten Blüten in Tiefrot, Gelb, Weiß, Rosa, Orange oder sogar zweifarbig.
Standort: Sehr viel Licht; Schutz vor praller Sonne und Zugluft; wärmeliebend; Übersommern an geschütztem Ort im Freien ideal; in kühlen, nassen Sommern jedoch Zimmerluft vorteilhafter; hell und kühl bei 12–15 °C überwintern; Ruhezeit von November bis Januar.
Pflege: Reichlich und regelmäßig gießen; Ballentrockenheit vermeiden; während Ruhezeit wenig gießen und nicht düngen; hoher Nährstoffbedarf; im Februar kräftiger Rückschnitt; bei Jungpflanzen buschiger Wuchs durch häufiges Stutzen; Anzucht von Hochstämmchen durch ständiges Ausbrechen der Seitentriebe bis zur gewünschten Stammhöhe, danach aus-

Eine Hibiskusblüte hält nur einen einzigen Tag.

treiben lassen und mehrfaches Stutzen der Verzweigungen; bei Hochstämmchen Formschnitt im Frühjahr besonders wichtig.

Vermehrung: Durch Kopfstecklinge; Bewurzelung bei hoher Bodenwärme und Verdunstungsschutz.

Krankheiten und Schädlinge: Knospenfall durch Ballentrockenheit, Nährstoffmangel, plötzliche Temperaturschwankungen, Lichtmangel, Standortwechsel oder Drehen der Pflanze; Blattrollen sowie Blatt- und Knospenfall bei zu trockener Luft; Blattvergilbungen bei Trockenheit und schlechter Ernährung; Spinnmilben, Blattläuse, Weiße Fliege.

TIP
Bevor ich den Roseneibisch wieder ganz nach draußen stelle, gewöhne ich ihn langsam an den Freilandaufenthalt.

Hippeastrum
Ritterstern, „Amaryllis“

Familie: *Amaryllidaceae* (Amaryllisgewächse)

Herkunft: Südamerika.

Beschreibung: Zwiebelpflanze mit riemenförmigen Blättern und hohlen Blütenschäften mit je zwei bis sechs großen Trichterblüten in Hell- oder Dunkelrot, Weiß, Lachs oder zweifar-

big; Blütezeit Spätwinter bis Frühjahr; allgemein als Amaryllis bezeichnete Züchtungen der Gattung *Hippeastrum*. Die echte Amaryllis oder Belladonnalilie aus Südafrika mit massivem Blütenschaft ist etwas seltener.
Standort: Zur Ruhezeit dunkel, zur Wachstumszeit hell und sonnig mit Schutz vor praller Sonne; nach der Blüte luftiger Stand im Zimmer oder über Sommer im Freien; strikte Ruhezeit von Oktober bis Ende Dezember/Anfang Januar bei 10–12 °C; sonst Raumtemperatur; etwas kühlerer Stand zur Blüte verlängert Blütezeit.
Pflege: Während Ruhezeit nicht düngen und nur so wenig gießen, daß Wurzeln nicht vertrocknen; ab Ende Dezember bei warmem Stand antreiben und sparsam gießen; ab zunehmendem Wachstum der Blütenschäfte Wasser- und Düngegaben langsam steigern, im Herbst allmählich wieder vermindern; normaler Nährstoffbedarf; häufig sprühen; umtopfen nach der Blüte oder kurz vor Neuaustrieb; Zwiebeln nur gut zur Hälfte in die Erde stecken.
Vermehrung: Durch Brutzwiebeln, jedoch langwierig.
Krankheiten und Schädlinge: „Roter Brenner“, eine nicht bekämpfbare Pilzkrankheit, die zunächst rotbraune Streifen auf Stengel, Blüten, Blättern und Zwiebel verursacht – später Fäulnis. Sonst selten Befall.

Ritterstern

TIP
Beim Kauf von *Hippeastrum*-Zwiebeln achte ich sehr sorgfältig auf erste Schadsymptome des „Roten Brenners“. Nur gesunde Zwiebeln und der eingehaltene Rhythmus von Wachstum und Ruhezeit bringen blühfreudige und dekorative Pflanzen.

Wachsblume

Hoya

Wachsblume, Porzellanblume

Familie: *Asclepiadaceae* (Seidenpflanzengewächse)

Herkunft: Südchina, Ostindien, Malaysia, Australien.

Beschreibung: Kletternde Pflanze mit biegsamen Trieben, die Rankhilfen oder Spaliere benötigen; haltbare Blütendolden mit duftenden, sternförmigen, wachsähnlichen Einzelblüten.

Standort: Hell bis sonnig, ohne pralle Sonne; nicht geeignet für Freilandaufenthalt; zugluftempfindlich, hell und kühl überwintern.

Pflege: Ab Austrieb reichlich gießen; während Winterruhe Erde nur feucht halten; Ballentrockenheit vermeiden; Wasser nicht enthärten; durchlässige, fast neutrale Erde (pH 6,5–7); Drainageschicht im Topf wichtig; möglichst selten umtopfen, da Blütenbildung dadurch beeinträchtigt wird; normaler Nährstoffbedarf.

Vermehrung: Durch Stecklinge.

Krankheiten und Schädlinge: Knospenfall bei Zugluft; mangelnde Blühwilligkeit bei Überdüngung oder zu dunklem Stand; Schild- und Wolläuse sowie Spinnmilben bei zuviel Wärme im Winter.

Bemerkungen: Nach Bildung der Blütenknospen Drehen der Wachsblume unbedingt vermeiden (Lichtmarke!), sonst Steckenbleiben der Knospen.

Impatiens

Fleißiges Lieschen

Familie: *Balsaminaceae* (Springkrautgewächse)

Herkunft: Tropische Gebirgswälder Ostafrikas.

Beschreibung: Krautige, stark verzweigte Topf-, Balkon- und Beetpflanze (Foto S. 9, 65) mit fast ganzjähriger Blüte in zahlreichen Rottönen.

Standort: Halbschattig bis schattig, ohne direkte Sonne; wärmeliebend; kälteempfindlich; zeitig im Herbst ins Haus holen; im Winter je nach Lichtverhältnissen 15–20 °C; bei anhaltenden Temperaturen unter 13 °C Blattfall und schlechte Blühwilligkeit.
Pflege: Mit enthärtetem Wasser gießen; düngen nur während Hauptwachstumszeit; jedoch keine eigentliche Ruhezeit; normaler Nährstoffbedarf; Blüten nicht mit Wasser benetzen.
Vermehrung: Durch Stecklinge oder Aussaat.
Krankheiten und Schädlinge: Spinnmilben, Blattläuse und Weiße Fliege, besonders bei trockener Luft.

TIP
Die dicken, fleischigen Stengel faulen leicht bei zu nasser Erde. Deshalb entferne ich das Gießwasser aus dem Untersatz und achte auf Anzeichen von Staunässe.

Jasminum
Jasmin
Familie: *Oleaceae* (Ölbaumgewächse)
Herkunft: Tropisches Afrika, Asien und Australien.
Beschreibung: Mit dem Gartenjasmin verwandte, mehr oder weniger wärmebedürftige Topfpflanzenarten mit stark duftenden Blüten und kletterndem Wuchs. Unempfindlichste Art: *J. officinale* mit weißen Blüten (Foto S. 37).
Standort: Sehr hell bis sonnig; im Sommer geschützter Platz im Freien; im Zimmer luftiger Stand; kühle Überwinterung bei ca. 10 °C.
Pflege: Hoher Wasserbedarf; Staunässe vermeiden; höhere Luftfeuchte bei sehr warmem Stand; während Hauptwachstumszeit mäßig düngen; für Kletterhilfen (Rundbogen) sorgen.
Vermehrung: Durch Stecklinge.
Krankheiten und Schädlinge: Teilweiser Laubfall im Winter normal; trockene Blätter und Knospenfall bei sparsamem Gießen; Blattläuse bei warmer Überwinterung.
Bemerkungen: Beim Kauf eines Jasmins nach dem Artnamen fragen. *Jasminum sambac* aus dem tropischen Ostindien ist wärmebedürftiger als andere Jasmin-Arten und wünscht Überwinterung bei Zimmertemperatur.

Kalanchoë
Flammendes Käthchen
Familie: *Crassulaceae* (Dickblattgewächse)
Herkunft: Tropisches Afrika und Asien.

Man muß sich nur zu helfen wissen.

Flammendes Käthchen

Beschreibung: Unter den zahlreichen sukkulenten *Kalanchoë*-Arten trägt nur die bekannteste Art *K. blossfeldiana* den Namen Flammendes Käthchen; zahlreiche Sorten mit roten, gelben, rosa oder orangefarbenen Doldenblüten; natürliche Blüte von Februar bis Juni; durch Lichtsteuerung auch andere Blütezeiten.

> **TIP**
> Die Kalanchoë gehört auch zu den Kurztagspflanzen. Sie braucht zur Blütenknospenbildung während sechs Wochen weniger als zwölf Stunden Licht. Zimmerbeleuchtung kann schon störend sein, so kommen hier auch wieder meine Kartons zum Einsatz.

Standort: Hell, keine direkte Sonne; Übersommern im Freien möglich; ab Oktober Ruhezeit bis Wiederblüte, aber nicht unter 15 °C; warme und trockene Luft wird vertragen.
Pflege: Während Wachstumszeit mäßig gießen und düngen; Ballentrockenheit vermeiden; Rückschnitt höher wachsender Sorten nach der Blüte.
Vermehrung: Je nach Sorte durch Aussaat oder Stecklinge.
Krankheiten und Schädlinge: Befall selten; bei zu reichlichem Gießen oder Staunässe Abfaulen von Wurzeln und Trieben.

Maranta
Pfeilwurz, Marante
Familie: *Marantaceae* (Marantengewächse)
Herkunft: Tropische Regenwälder Brasiliens.
Beschreibung: Hübsch gezeichnete Blattpflanze; in Kultur nur zwei Arten: *M. bicolor* und *M. leuconeura*.
Standort: Halbschattig; Schutz vor direkter Sonne; wärmeliebend; ganzjährig Zimmertemperatur.
Pflege: Hohe Luftfeuchte; mit temperiertem, enthärtetem Wasser im Sommer reichlich gießen; Staunässe und Ballentrockenheit vermeiden; geringer Nährstoffbedarf.
Vermehrung: Durch Teilung oder Stecklinge.
Krankheiten und Schädlinge: Braune

Blattflecken und Einrollen der Blätter durch zu trockene und zu kalte Luft; blasse Blattfärbung durch zu sonnigen Stand; Spinnmilben.
Bemerkungen: Die Marante liebt einen warmen Fuß, deshalb nie auf kalte Steinfensterbänke stellen.

Monstera
Fensterblatt
Familie: *Araceae* (Aronstabgewächse)
Herkunft: Tropische Wälder Mittel- und Südamerikas.
Beschreibung: Blattpflanze mit oft großen, tief eingeschnittenen oder durchlöcherten Blättern mit oder ohne Luftwurzeln; hübsche, aber giftige Aronstabblüte bei Zimmerhaltung selten. Häufigste Art: *M. deliciosa* mit raschem Wuchs.

Fensterblatt

TIP
Die Luftwurzeln dürfen bei dieser Pflanze nie abgeschnitten werden.

Standort: Hell bis halbschattig, ohne direkte Sonne; ganzjährig im geschlossenen Raum bei Zimmertemperatur; gleichmäßige Bodenwärme.
Pflege: Hohe Luftfeuchte; temperiertes, enthärtetes Wasser; im Sommer reichlich gießen; rasch wachsende Pflanzen reichlich düngen.
Vermehrung: Durch Kopf- oder Stammstecklinge, Abtrennen von Seitentrieben mit Luftwurzeln, Abmoosen oder Aussaat.
Krankheiten und Schädlinge: Braune Blattspitzen durch zu kalkhaltiges Wasser oder Ballentrockenheit; Schädlinge selten.

Myrtus
Myrte
Familie: *Myrtaceae* (Myrtengewächse)
Herkunft: Europäisches Mittelmeergebiet.
Beschreibung: Strauchartige Pflanze mit zahlreichen duftenden, weißen Einzelblüten ab Mai; als Zimmerpflanze nur *M. communis*; Buschform und Hochstämmchen; Myrtenzweige

Myrte

beliebt als Brautkranz.
Standort: Sonnig und luftig; Übersommern an geschütztem Platz im Freien vorteilhaft; unbedingt hell, luftig und kühl überwintern (optimal 4–6 °C).
Pflege: Mit temperiertem, enthärtetem Wasser im Sommer reichlich gießen; Staunässe und Ballentrockenheit vermeiden; im Sommer sprühen; hoher Nährstoffbedarf; kalkfreie, humose Erde; Rückschnitt nach der Blüte möglich.
Vermehrung: Durch Stecklinge.
Krankheiten und Schädlinge: Blattfall bei unregelmäßigem Gießen; Spinnmilben und Schildläuse bei warmer Überwinterung.

TIP
Ich drehe die Myrte von Zeit zu Zeit am Fenster, damit sie schön gleichmäßig wächst.

Nerium
Oleander
Familie: *Apocynaceae* (Hundsgiftgewächse)
Herkunft: Sonnige, im Untergrund feuchte Flußufer der Mittelmeerregionen.
Beschreibung: Beliebte Kübelpflanze (Foto S. 113) mit einfachen oder gefüllten Blüten in Rosa, Rot, Weiß, Gelb oder Violett; für ganzjährigen Zimmeraufenthalt weniger geeignet.
Standort: Sehr sonnig, heiß und lufttrocken; Zimmerluft ungünstig; Freilandaufenthalt von April bis Spätherbst; Nachtfröste (bis –5 °C) werden kurzzeitig vertragen; kühle, helle Überwinterung bei 4–6 °C, notfalls auch in kühlen Wohnräumen.
Pflege: Während Wachstumszeit reichlich düngen und sehr reichlich mit temperiertem Wasser gießen; stets feuchter Fuß erwünscht (Wasser im Untersatz!); bei Hitze mehrmals täglich von unten wässern; im Winter Ballen nur

feucht halten; Rückschnitt unansehnlicher oder zu großer Pflanzen bis ins alte Holz im Herbst oder Frühjahr.
Vermehrung: Durch Stecklinge; Handschuhe beim Schnitt vorteilhaft, da Pflanze sehr giftig.
Krankheiten und Schädlinge: Schild- und Wolläuse bei zu warmer Überwinterung.
Bemerkungen: Oleandersorten mit ungefüllten Blüten sind regenfester.

Orchidaceae
Orchideen
Herkunft: Weltweite Verbreitung; besonders in feuchtheißen Tropenwäldern Asiens sowie Mittel- und Südamerikas.
Beschreibung: Artenreichste Pflanzenfamilie mit über 20 000 Arten; Einteilung nach Temperaturansprüchen in Kalthaus-, Lauwarmhaus- und Warmhausorchideen; Erdbewohner und Aufsitzerpflanzen. Beliebte, relativ pflegeleichte Gattungen: *Cymbidium* (Kahnorche), *Paphiopedilum* (Venusschuh), *Phalaenopsis* (Malaienblume, Nachtfalterorchidee).
Standort: Hell, ohne direkte Sonne; gleichmäßige Wärme; je nach Gattung oder Art unterschiedliche Temperaturansprüche.

Nicht nur Pflanzen, sondern auch ihre Tischchen können Räume verschönen.

Phalaenopsis-Blüte

Pflege: Hohe Luftfeuchte; temperiertes, enthärtetes Wasser; schwacher Nährstoffbedarf; spezielle durchlässige Orchideenerde.
Vermehrung: Je nach Art durch Teilung von Wurzelstöcken, Stecklingen oder Bewurzelung von Seitentrieben.
Krankheiten und Schädlinge: Blattfleckenpilze, Grauschimmel, Spinnmilben, Thripse, Schild- und Wolläuse.

TIP
Cymbidium liebt luftigen Stand mit kaltem Fuß, deshalb sollte sie keinesfalls auf Fensterbänken über Heizungen stehen.

Palmae
Palmen
Herkunft: Weltweite Verbreitung in Tropen und Subtropen.
Beschreibung: Pflanzenfamilie mit etwa 3000 Arten; darunter einige Nutzpflanzen. Beliebte Gattungen als Zimmerpflanzen: *Chamaedorea* (Bergpalme), *Howeia* (Kentiapalme), *Microcoelum* (Kokospälmchen), *Phoenix* (Dattelpalme).
Standort: Hell, ohne direkte Sonne; Kentiapalme *(Howeia)* auch schattenverträglich; Zimmertemperatur; einige Arten mit winterlicher Ruhezeit und kühlem Stand.
Pflege: Im Sommer reichlich gießen; im Winter Wurzelballen nur feucht halten; Staunässe vermeiden; für Wasserabzug unbedingt sorgen (Tonscherbe als Drainage); Ausnahme: beim

Palmen am Fenster

Kokospälmchen *(Microcoelum)* sollte während der Wachstumszeit sogar etwas Wasser im Untersatz stehen; bei Wärme für höhere Luftfeuchte sorgen, mäßig düngen.
Vermehrung: Je nach Art durch Seitentriebe oder Aussaat.
Krankheiten und Schädlinge: Spinnmilben, Thripse, Schild- und Wolläuse.
Bemerkungen: Die Kentiapalme *(Howeia)* kann durch Aussaat frischer Samen vermehrt werden. Allerdings muß man auf die Keimung zwei bis neun Monate warten.

Passiflora
Passionsblume
Familie: *Passifloraceae* (Passionsblumengewächse)
Herkunft: Tropisches Amerika, Asien und Australien.
Beschreibung: Sehr schöne Kletterpflanze mit oft meterlangen, an Spalieren gezogenen Ranken und besonders auffallenden großen Blüten.
Standort: Sehr sonnig; Übersommern im Freien möglich; schlechte Blühwilligkeit bei kühlem, regnerischen Wetter; hell, luftig und kühl (unter 12 °C) überwintern.
Pflege: Im Sommer bis August reichlich gießen und düngen; während Ruhezeit nicht düngen und Ballen nur feucht halten; Rückschnitt im Herbst oder Frühjahr fördert Blühwilligkeit.
Vermehrung: Durch Abtrennen von Seitentrieben oder durch Stecklinge.
Krankheiten und Schädlinge: Blattvergilbungen und teilweiser Blattfall im Winter normal, im Frühjahr Neuaustrieb; Wolläuse bei warmer Überwinterung.

Passionsblume

TIP
Passiflora caerulea mit ihren weißblauen Blüten ist in milden Lagen, z. B. in Weinbaugebieten oder an einer warmen Südwand mit Laub- oder Strohabdeckung, winterhart.

Pelargonium
Geranie, Pelargonie
Familie: *Geraniaceae* (Storchschnabelgewächse)
Herkunft: Südafrika.
Beschreibung: Sehr beliebte Zimmer- und Balkonpflanzen mit unzähligen Sorten.
Für ganzjährige Zimmerkultur: Edelpelargonien (*Pelargonium-Grandiflo-*

Pelargonie

rum-Hybriden) und Duftpelargonien. Für Balkon und Garten: Zonalpelargonien (*Pelargonium-Zonale* Hybriden) und Hängegeranien (*Pelargonium-Peltatum*-Hybriden).

Standort: Sonnig bis halbschattig; Zimmertemperatur; Überwinterung von Edel- und Duftpelargonien hell bei 10–15 °C, Zonal- und Hängepelargonien im Keller hell und luftig bei 6–8 °C.

Pflege: Im Sommer reichlich gießen und düngen; Ballentrockenheit vermeiden; im Winter Ballen nur feucht halten.

Vermehrung: Durch Stecklinge im Sommer.

Krankheiten und Schädlinge: Korkartige Blatt- und Stengelflecken bei zu unregelmäßigem Gießen; bei öligdurchscheinenden Blattflecken (Bakterielle Ölfleckenkrankheit) und krebsartigen Verdickungen am Stengelgrund (Bakteriose) Pflanzen vernichten.

Bei Grauschimmel und konzentrischen Ringen brauner Pusteln blattunterseits (Pelargonienrost) befallene Pflanzenteile entfernen und die Pflanzen selbst trockener halten; Blattläuse, Spinnmilben.

Bemerkungen: Zonal- und Hängepelargonien brauchen Sommeraufenthalt im Freien. Aufenthalt in Wohnräumen wird höchstens kurzfristig vertragen.

Peperomia
Zwergpfeffer, Peperomie
Familie: *Piperaceae* (Pfeffergewächse)
Herkunft: Tropische Regenwälder Südamerikas.
Beschreibung: Sukkulente oder weichblättrige Blattpflanze mit buntem oder grünem Laub; einige Arten mit weißen oder cremefarbenen Blüten.
Standort: Hell, ohne direkte Sonne; Zimmertemperatur; grünlaubige Arten im Winter etwas kühler.

Zwergpfeffer

Pflege: Im Sommer hohe Luftfeuchte; während Wachstumszeit mit temperiertem, enthärtetem Wasser mäßig gießen, geringer Nährstoffbedarf.
Vermehrung: Durch Stecklinge oder Teilung.
Krankheiten und Schädlinge: Blattfall und Fäulnis bei zu kühler Überwinterung; Spinnmilben.

TIP
Peperomien mit fleischigen Blättern vertragen die warme, trockene Zimmerluft besser als weichblättrige Arten.

Philodendron
Baumfreund
Familie: *Araceae* (Aronstabgewächse)
Herkunft: Tropische Regenwälder Mittel- und Südamerikas.
Beschreibung: Beliebte Blattpflanze mit strauchartigem, kletterndem oder kriechendem Wuchs und unterschiedlich geformten Blättern; mit oder ohne Luftwurzeln; typische, aromatisch duftende Aronstabblüte bei Zimmerhaltung selten.
Standort: Hell bis halbschattig, ohne direkte Sonne; ganzjährig im geschlossenen Raum bei Zimmertemperatur; gleichmäßige Bodenwärme.
Pflege: Hohe Luftfeuchte; temperiertes, enthärtetes Wasser; im Sommer reichlich gießen; rasch wachsende Pflanzen reichlich düngen.
Vermehrung: Durch Kopf- oder Stammstecklinge, Abtrennen von Seitentrieben mit Luftwurzeln, Abmoosen oder Aussaat.
Krankheiten und Schädlinge: Braune Blattspitzen durch kalkhaltiges Wasser oder Ballentrockenheit; Schädlinge selten.
Bemerkungen: Die Luftwurzeln dürfen nie abgeschnitten werden.

Philodendron, Baumfreund

Codonanthe (links), Azalee (Mitte) und Begonie (rechts)

Rhododendron
Azalee
Familie: *Ericaceae* (Heidekrautgewächse)
Herkunft: Kühle, feuchte Bergwälder Ostasiens.
Beschreibung: Empfindliche Pflanze mit zahlreichen einfachen oder gefüllten, weiß, rosa oder rot gefärbten Blüten zwischen November und April. Häufigste Zimmerpflanze in unseren Wohnungen die indische Azalee *R. simsii.*
Standort: Hell und kühl, möglichst nicht über 15 °C; bei Wärme sehr schnelles Verblühen, Laubfall und Krankheitsbefall.
Pflege: Hohe Luftfeuchte; Sprühen nur bis Knospenstadium, sonst Blütenflecken; mit temperiertem, enthärtetem Wasser reichlich während Wachstums- und Blütezeit gießen; Ballen-

trockenheit, Staunässe und Zugluft vermeiden; mäßig kalkarm düngen; saure Azaleenerde. Weiterkultur: bis Ende Mai kühler Stand, dann Topf an halbschattigen Ort im Freien einsenken (sonst keine Wiederblüte); vor erstem Frost wieder in hellen, kühlen Raum stellen; nur kurzfristig zur vollen Blüte warmer Stand erlaubt, aber möglichst nachts kühler stellen.
Vermehrung: Durch Stecklinge bei Neuaustrieb, aber schwierig.
Krankheiten und Schädlinge: Blattvergilbungen bei zu kalkhaltigem Substrat oder Wasser; Spinnmilben, Blattläuse, Weichhautmilben, Dickmaulrüßler.

Treppenhäuser dienen auch zur Akklimatisierung von neuen Pflanzen.

TIP
Blühend gekaufte Azaleen stelle ich niemals sofort in vollbeheizte Wohnräume, sondern gewöhne sie langsam an die wärmeren Temperaturen. Je kühler ihr Stand ist, desto länger ist die Blühdauer.

Rosa
Topfrose, Zwergrose
Familie: *Rosaceae* (Rosengewächse)
Herkunft: Verschiedene Länder gemäßigter und subtropischer Zonen.

Minirose mit Efeu und Buchsbaum

Beschreibung: Zwergformen der sommergrünen Rosengewächse (Foto S. 81).
Standort: Hell, luftig und sonnig; Schutz vor praller Sonne; Freilandaufenthalt möglich; bei Weiterkultur nach Laubfall kühle Überwinterung bei ca. 7 °C; ab Februar wärmer stellen, allmählich an Zimmertemperatur gewöhnen.
Pflege: Während Wachstumszeit mäßig gießen und düngen; im Winter Erde nur feucht halten; höhere Luftfeuchte; Rückschnitt vor Austrieb um ein Drittel bis zur Hälfte.
Vermehrung: Durch Stecklinge im Sommer oder durch Aussaat.
Krankheiten und Schädlinge: Echter Mehltau, Blattläuse, Spinnmilben.
Bemerkungen: Welke Blüten sollten häufig entfernt werden.

Saintpaulia
Usambaraveilchen
Familie: *Gesneriaceae* (Gesneriengewächse)
Herkunft: Usambara-Gebirge Afrikas.
Beschreibung: Rosettenartig wachsende Blütenpflanze mit ursprünglich tiefblauer, fast ganzjähriger Blüte; heute zahlreiche Züchtungen unterschiedlicher Blütenformen und -farben sowie verschiedener Größe wie beispielsweise die Mini-Usambaraveilchen.
Standort: Hell bis halbschattig; Schutz vor direkter Sonne; ganzjährig Zimmertemperatur; nie unter 16 °C; plötzliche Temperaturschwankungen vermeiden.
Pflege: Vor Zugluft schützen; Blätter und Herz nie besprühen oder beim

Weizengras (links), Primel (Mitte) und Usambaraveilchen (rechts) bilden ein schönes Arrangement.

Gießen benetzen; temperiertes, enthärtetes Wasser; mäßig gießen, sonst Wurzelfäule; geringer Nährstoffbedarf.
Vermehrung: Durch Blattstecklinge oder Teilung.
Krankheiten und Schädlinge: Blattflecken bei sonnigem Stand, Benetzung oder kaltem Gießwasser; Weichhautmilben.

TIP
Zum Schutz vor Fäulnis sollten regelmäßig welke Blätter und Blüten mit Stengel durch Herausziehen entfernt werden.

Sansevieria
Sansevierie, Bogenhanf
Familie: *Agavaceae* (Agavengewächse)
Herkunft: Tropisches Afrika und Asien.
Beschreibung: Sehr robuste Pflanze mit fleischigen, unregelmäßig graugrün quergestreiften Blättern und unscheinbaren grünlichweißen Blüten bei guter Pflege. Häufigste Art: *S. trifasciata* mit mehreren Sorten.
Standort: Sonnig; Halbschatten wird vertragen; ganzjährig im geschlossenen Raum bei Zimmertemperatur; im Winter nicht unter 15 °C.
Pflege: Im Sommer normal gießen und sparsam düngen; Wasser nicht enthärten; im Winter sehr trocken halten; keine saure, torfhaltige Erde, da kalkliebend.
Vermehrung: Durch Teilung der Wurzelstöcke oder Blattschnittlinge, deren Schnittstellen vor dem Eintopfen wenige Stunden abtrocknen sollten.

TIP
Der größte Fehler bei der *Sansevierien*-Pflege: zu viel Gießen. Bei Staunässe fault der Wurzelhals und die Blätter fallen um.

Krankheiten und Schädlinge: Abfaulen der Wurzeln und des Wurzelhalses bei zu nasser Haltung; Blühunwilligkeit bei zu saurer Erde.

Bogenhanf

Vermehrung durch Blattschnittlinge bei der Sansevierie: Einlegen etwa 5 cm langer Blattstücke 1 cm tief in feuchtes Substrat. An der Basis entwickelt sich eine neue Pflanze.

Saxifraga

Judenbart, Hängender Steinbrech

Familie: *Saxifragaceae* (Steinbrechgewächse)

Herkunft: China, Japan.

Beschreibung: Rosettenartig wachsende Ampelpflanze mit zahlreichen Ausläuferpflänzchen an fadenartigen, roten Trieben und weißlichen Blütenrispen im Sommer; *S. stolonifera* (Foto S. 50) mit zwei Sorten; die grünblättrige und die weißbunte 'Tricolor'.

Standort: Hell, luftig, ohne direkte Sonne; ganzjährig Zimmertemperatur; kühler Winterstandort für grüne Sorte vorteilhaft, aber nicht Bedingung; 'Tricolor' wärmeliebender; Zugluft vermeiden.

Pflege: Mäßig gießen und düngen; Staunässe vermeiden; Topfdrainage wichtig (Tonscherbe über Abzugsloch).

Vermehrung: Durch Abtrennen der Ausläuferpflänzchen.

Krankheiten und Schädlinge: Blattläuse bei zu trockener Luft und zu warmer Überwinterung; bei Lichtmangel blasse Blattfärbung.

Bemerkungen: Die Ausläuferpflänzchen vertrocknen leicht an den Ranken, wenn die Luft zu trocken ist.

Schefflera

Strahlenaralie

Familie: *Araliaceae* (Araliengewächse)

Herkunft: Australien.

Beschreibung: Wenig verzweigte Blattpflanze mit strahlenförmig angeordneten Blättern.

Standort: Hell, luftig, ohne direkte Sonne; Übersommern im Freien mög-

So kann die Strahlenaralie vor kaltem Fuß geschützt werden.

Strahlenaralie

lich; Zugluft vermeiden; Überwinterung bei 12–18 °C; unter 12 °C Blattfall; bei zu warmer Überwinterung Geilwuchs und Schädlinge.
Pflege: Reichlich gießen, im Winter je nach Temperatur weniger; Ballentrockenheit und Staunässe vermeiden; bei Wärme für Luftfeuchte sorgen; normaler Nährstoffbedarf.
Vermehrung: Nur durch Aussaat bei hoher Bodenwärme.
Krankheiten und Schädlinge: Blattläuse, Thripse, Weichhautmilben, Spinnmilben.

TIP
Die *Schefflera* nie auf kalte Steinfensterbänke stellen, da kalter Fuß nicht vertragen wird. Untergelegte Holzbrettchen schützen davor.

Sinningia
Gloxinie
Familie: *Gesneriaceae* (Gesneriengewächse)
Herkunft: Tropische Regenwälder Brasiliens.
Beschreibung: Beliebte Blütenpflanze mit großen, weichen Blättern und glockenartigen Blüten verschiedenster Farben; durch Züchtung zahlreiche Hybriden im Handel erhältlich.
Standort: Hell bis halbschattig; Schutz vor direkter Sonne; Standortwechsel, Temperaturschwankungen und Zugluft vermeiden; Zimmertemperatur.
Pflege: Hohe Luftfeuchte; Blätter und Blüten nicht besprühen, sonst Flecken; temperiertes, enthärtetes Wasser; mäßig gießen und düngen; nach der Blüte Gießen langsam einstellen, Knolle bei 15 °C trocken überwintern; im Frühjahr in frische Erde topfen und bei ca. 20 °C antreiben.
Vermehrung: Durch Blatt- und Triebstecklinge; Aussaat sehr mühsam.

Gloxinien

Krankheiten und Schädlinge: Blattflecken bei sonnigem Stand, Benetzung oder zu kaltem Gießwasser; Einrollen der Blätter bei zu trockener Luft; Thripse, Spinnmilben.
Bemerkungen: Gloxinienblätter brechen leicht beim Umtopfen ab.

Soleirolia
Bubikopf
Familie: *Urticaceae* (Nesselgewächse)
Herkunft: Korsika, Sardinien.
Beschreibung: Anspruchslose, kriechende Blattpflanze mit polsterartigem Wuchs; Topf- und Ampelpflanze, auch Bodendecker für Kübelpflanzen.
Standort: Sonnig, halbschattig oder schattig; Zimmertemperatur; kühlerer

Bubiköpfchen (rechts) und Codonanthe (links)

Stand wird vertragen. Bei warmer Überwinterung heller Stand, sonst Geilwuchs.
Pflege: Im Sommer reichlich von unten gießen und mäßig düngen; Fußbäder erlaubt; trockene Luft wird vertragen; gelegentlicher Rückschnitt zur Erhaltung der Kugelform.
Vermehrung: Durch Teilung oder Stecklinge.
Krankheiten und Schädlinge: Verbräunen der unteren Blätter bei dichtem Wuchs normal; notfalls lieber frische Stecklinge ziehen und die alte Mutterpflanze wegwerfen; Fäulnis der Blätter beim Gießen von oben.

TIP
Den buschigen Wuchs meines Bubikopfes erhalte ich, indem ich ihn etwa einmal pro Jahr teile, gelegentlich zurückschneide und dann nicht zu schattig stelle.

Spathiphyllum
Einblatt, Blattfahne
Familie: *Araceae* (Aronstabgewächse)
Herkunft: Tropisches Mittel- und Südamerika.
Beschreibung: Aparte Blütenpflanze, deren duftende Aronstabblüten mit

gelblichem Blütenkolben und weißem Hochblatt besonders lange haltbar sind.
Die häufigste Art in unseren Wohnungen ist *Spathiphyllum floribundum* (Foto siehe S. 28).
Standort: Schattig bis halbschattig, keine direkte Sonne; ganzjährig Zimmertemperatur; im Winter keinesfalls unter 16 °C.
Pflege: Während Wachstumszeit höhere Luftfeuchte; gleichmäßige Bodenfeuchte; geringer Nährstoffbedarf; Ruhezeit von Oktober bis Januar.
Vermehrung: Durch Teilung oder Aussaat.
Krankheiten und Schädlinge: Braune Blattspitzen bei zu trockener Luft; Spinnmilben.
Bemerkungen: Mit zunehmendem Alter verfärben sich die weißen Hochblätter leicht grünlich.

Kranzschlinge

Stephanotis
Kranzschlinge
Familie: *Asclepiadaceae* (Seidenpflanzengewächse)
Herkunft: Kühle Gebirgswälder Madagaskars.
Beschreibung: Hübsche Blütenpflanze mit bis zu meterlangen rankenden Trieben an Spalieren, lederartigen, glänzenden Blättern und duftenden weißen, sternförmigen Blüten im Sommer.
Standort: Hell, luftig, mäßig warm, ohne direkte Sonne; Überwinterung hell und kühl bei 12–14 °C, sonst schlechte Blühwilligkeit und Schädlingsbefall.
Pflege: Von März bis August reichlich mit temperiertem, enthärtetem Wasser gießen und mäßig düngen; während Winterruhe von Oktober bis Januar nicht düngen und Erde nur feucht halten; Standortwechsel und Drehen des Topfes vermeiden, sonst Abwurf von

TIP
Diese Pflanze reagiert sehr empfindlich auf Drehung, daher benutze ich eine Lichtmarke am Topf.

Blättern und Blütenknospen; Zugluft, Ballentrockenheit und Temperaturschwankungen vermeiden.
Vermehrung: Durch Stecklinge.
Krankheiten und Schädlinge: Blattvergilbungen bei zu kalkhaltigem Wasser; Wurzelfäulnis bei zu feuchter Haltung; Blattläuse bei zu warmer Überwinterung; Schild- und Wolläuse.

Streptocarpus
Drehfrucht
Familie: *Gesneriaceae* (Gesneriengewächse)

Drehfrucht

Herkunft: Tropische Regenwälder Südafrikas.
Beschreibung: Hübsche Blütenpflanze mit auffällig großen, länglich-ovalen Blättern und trichterförmigen, orchideenartigen Blüten verschiedenster Farben auf langen Stielen.
Standort: Hell bis halbschattig; Schutz vor direkter Sonne; Standortwechsel, Temperaturschwankungen und Zugluft vermeiden; Zimmertemperatur, etwas kühler überwintern.
Pflege: Blätter und Blüten nie besprühen oder benetzen, sonst Flecken; mit temperiertem, enthärtetem Wasser von unten mäßig gießen, aber Fußbäder vermeiden; normaler Nährstoffbedarf.
Vermehrung: Durch Blattsprosse (siehe Zeichnung S. 54 f.).
Krankheiten und Schädlinge: Blattflecken bei sonnigem Stand, Benetzung oder zu kaltem Gießwasser; Grauschimmel und Wurzelfäule bei zu nasser Haltung.
Bemerkungen: Vorsicht beim Umtopfen: Drehfruchtblätter brechen sehr leicht ab.

Tolmiea
Henne und Küken, Huckepackpflanze
Familie: *Saxifragaceae* (Steinbrechgewächse)
Herkunft: Feuchte, küstennahe Wälder Nordamerikas.
Beschreibung: Pflegeleichte Pflanze mit zimmerlindenähnlichem Laub, auf dem sich viele junge Brutpflänzchen bilden.

Standort: Hell bis halbschattig, ohne direkte Sonne; Zimmertemperatur, kühlere Temperaturen werden vertragen.
Pflege: Mäßig gießen und düngen, Staunässe vermeiden.

TIP
Die Brutpflänzchen werden mit den großen Blättern abgeschnitten und nach Einkürzung der Blattfläche rings um die Pflänzchen eingetopft.

Bei der Huckepackpflanze (Henne und Küken) ist die Vermehrung durch Brutpflänzchen sehr einfach.

Huckepackpflanze (Henne und Küken)

Vermehrung: Durch Brutpflänzchen oder Teilung größerer Pflanzen.
Krankheiten und Schädlinge: Spinnmilben, Wolläuse.

Tradescantia
Dreimasterblume, Tradeskantie
Familie: *Commelinaceae* (Commelinengewächse)
Herkunft: Tropisches Südamerika.
Beschreibung: Beliebte, anspruchslose Topf- und Ampelpflanze, auch für Einsteiger, mit grünen oder bunten Blättern, saftreichen Stengeln und gelegentlich unscheinbaren weißen oder rosafarbenen Blüten.
Standort: Schattig; buntblättrige Arten etwas lichtbedürftiger; ganzjährig Zimmertemperatur; nicht unter 12 °C.
Pflege: Erde immer gleichmäßig feucht halten; im Sommer mäßig düngen; Zugluft vermeiden.

Tradeskantie, auch Dreimasterblume genannt

<u>Vermehrung:</u> Durch Stecklinge; Bewurzelung bereits in Wasser.
<u>Krankheiten und Schädlinge:</u> Blattläuse.
<u>Bemerkungen:</u> Da Tradeskantien im Winter leicht an der Triebbasis verkahlen und schnell unansehnlich werden, lohnt eine jährliche Anzucht neuer Pflanzen aus Stecklingen.

Yucca
Palmlilie
<u>Familie:</u> *Agavaceae* (Agavengewächse)
<u>Herkunft:</u> Nord- und Mittelamerika.
<u>Beschreibung:</u> Anspruchslose Zimmer- und Kübelpflanze; ältere Exemplare mit glöckchenartigen Blüten im Juli bei guter Pflege.

Yucca

Standort: Sonnig, luftig und warm; Übersommern im Freien ideal; hell und kühl überwintern.
Pflege: Im Sommer reichlich gießen und mäßig düngen; Staunässe vermeiden; im Winter Gießen sehr einschränken.
Vermehrung: Durch Stammstecklinge, Seitentriebe oder Aussaat.
Krankheiten und Schädlinge: Blattfall bei zu warmer Überwinterung; verbräunte Blattspitzen bei zu trockener Luft oder Ballentrockenheit; Schildläuse.

TIP
Die Wurzeln der Palmlilie faulen leicht, deshalb ist hier eine gute Drainage besonders wichtig.

Zantedeschia
Zimmerkalla
Familie: *Araceae* (Aronstabgewächse)
Herkunft: Sommertrockene Sumpfgebiete Südafrikas.
Beschreibung: Staude mit langgestielten Blättern und typischer Aronstabblüte auf hohem Blütenschaft mit gelbem Blütenkolben und großem Hochblatt. Häufigste Art: *Z. aethiopica* mit Blüte von Januar bis Mai in weiß.
Standort: Über Sommer sonnig und warm; regengeschützter Freilandaufenthalt möglich, im Winter bis Dezember hell und kühl; ab Dezember zur Förderung der Blüte warmer Stand.
Pflege: Während Wachstums- und Blütezeit reichlich gießen und mäßig düngen; Ruhezeit von Mai bis Juli mit Blattfall: Gießen und Düngen allmählich einstellen, ca. acht Wochen Pflanze trocken halten, danach in frische Erde topfen und langsam antreiben.
Vermehrung: Durch Teilung, Seitentriebe, Aussaat.
Krankheiten und Schädlinge: Blattläuse, Spinnmilben.
Bemerkungen: Für die Wiederblüte ist die Einhaltung der Sommerruhezeit unbedingt erforderlich.

Viele Pflanzen brauchen eine Ruhephase an einem geeigneten Ort.

S. 176: Zimmerkalla

Anhang

Auskunftsstellen für Pflanzenschutz

Baden-Württemberg

Landesanstalt für Pflanzenschutz
Reinsburgstraße 107
70197 Stuttgart

Regierungspräsidium Stuttgart
Pflanzenschutzdienst
Ruppmannstraße 21
70565 Stuttgart

Regierungspräsidium Tübingen
Pflanzenschutzdienst
Konrad-Adenauer-Straße 20
72072 Tübingen

Regierungspräsidium Karlsruhe
Pflanzenschutzdienst
Amalienstraße 25
76133 Karlsruhe

Regierungspräsidium Freiburg
Pflanzenschutzdienst
Erbprinzenstraße 2
79098 Freiburg/Breisgau

Bayern

Bayerische Landesanstalt für
Bodenkultur und Pflanzenbau
Abteilung Pflanzenschutz
Menzinger Straße 54
80638 München

Berlin

Pflanzenschutzamt Berlin
Mohriner Allee 137
12347 Berlin

Brandenburg

Landesamt für Ernährung,
Landwirtschaft und Flurneuordnung
Pflanzenschutzdienst
Ringstraße 1010
15236 Frankfurt (O)/Markendorf

Bremen

Der Senator für Frauen, Gesundheit,
Jugend, Soziales und Umweltschutz
Pflanzenschutzdienst
Hanseatenhof 5
28195 Bremen

Hamburg

Institut für Angewandte Botanik der
Universität Hamburg
Abt. Pflanzenschutz
Marseiller Straße 7
20355 Hamburg

Hessen

Hessisches Landesamt für Regional-
entwicklung und Landwirtschaft
Pflanzenschutzdienst
Friedrich-Wilhelm-von-Steuben-Str. 2
60487 Frankfurt

Nebenstelle:
Am Versuchsfeld 17
34128 Kassel

Mecklenburg-Vorpommern

Landespflanzenschutzamt
Mecklenburg-Vorpommern
Graf-Lippe-Straße 1
18059 Rostock

Niedersachsen

Landwirtschaftskammer Weser-Ems
Institut für Pflanzenbau und
Pflanzenschutz
Sedanstraße 4
26121 Oldenburg

Landwirtschaftskammer Hannover
Pflanzenschutzamt
Wunstorfer Landstraße 9
30453 Hannover

Nordrhein-Westfalen

Institut für Pflanzenschutz,
Saatgutuntersuchung und Bienen-
kunde der Landwirtschaftskammer
Westfalen-Lippe
Nevinghoff 40
48147 Münster

Pflanzenschutzamt der Landwirt-
schaftskammer Rheinland
Siebengebirgsstraße 200
53229 Bonn

Rheinland-Pfalz

Landesanstalt für Pflanzenbau und
Pflanzenschutz
Essenheimer Straße 144
55128 Mainz

Saarland

Landwirtschaftskammer für das
Saarland
Pflanzenschutzamt
Lessingstraße 12
66121 Saarbrücken

Sachsen

Sächsische Landesanstalt für
Landwirtschaft
Fachbereich Integrierter
Pflanzenschutz
Stübelallee 2
01307 Dresden

Sachsen-Anhalt

Landespflanzenschutzamt Sachsen-
Anhalt
Sitz Magdeburg
Zum Waldsee 1
39114 Magdeburg

Schleswig-Holstein

Pflanzenschutzamt des Landes
Schleswig-Holstein
Westring 383
24118 Kiel

Thüringen

Thüringer Landesanstalt für
Landwirtschaft Jena
Abteilung Pflanzenbau
Sachgebiet 440 – Pflanzenschutz
Mittelhäuser Straße
99189 Erfurt-Kühnhausen

Bezugsquellen für Nützlinge

Nachfolgend genannte Lieferanten bieten Nutzorganismen für Erwerbs- und Hobbygärtner an. Die Liste erhebt keinen Anspruch auf Vollständigkeit.

BioNova
Josefstraße 102–104
41462 Neuss

W. Neudorff GmbH KG
Abt. Nutzorganismen
Postfach 12 09
31857 Emmerthal

Sautter und Stepper
Biotechnologie
Rosenstraße 19
72119 Ammerbuch

Welte, Hatto
Gemüsebau und Nützlingszucht
Maurershorn 10
78479 Insel Reichenau

Literaturhinweise

FORTMANN, M.: Das große Kosmosbuch der Nützlinge. Franckh-Kosmos-Verlags-GmbH & Co., Stuttgart 1993

FORTMANN, M.: Gesunde Zimmerpflanzen. Franckh-Kosmos-Verlags-GmbH & Co., Stuttgart 1995

HENSELER, K.: Was fehlt denn meiner Zimmerpflanze? BLV-Verlagsgesellschaft mbH, München 1992

KIESEWETTER, B.: Schmarotzer statt Giftspritze. NATUR 4/89, S. 90–93, 1989

KREUTER, M.-L.: Der Bio-Garten. BLV-Verlagsgesellschaft mbH, München 1988

W. NEUDORFF GmbH KG, Emmerthal: Topfpflanzenfibel. Praktische Anleitungen für die naturgemäße Topfpflanzenpflege, Emmerthal

SCHUBERT, M., HERWIG, R.: Wohnen mit Blumen. BLV-Verlagsgesellschaft mbH, München 1985

STELZER, G.: Gesunde Zimmerpflanzen. Falken-Verlag, Niedernhausen 1987

WOLFF, J. (Hrsg.): Kursbuch Zimmerpflanzen. Franckh-Kosmos-Verlags-GmbH & Co., Stuttgart 1996

Register

Die **halbfett** gedruckten Seitenzahlen weisen auf Abbildungen hin.